CARRÉS CLASSIQUES COLLÈGE

Collection COLLÈGE dirigée par
Cécile de Cazanove
Agrégée de Lettres modernes

L'Avare

Comédie
1668

texte intégral

Édition présentée par
Cécile de Cazanove
Agrégée de Lettres modernes

Nathan

SOMMAIRE

Avant la lecture

Lire *L'Avare*

Le dossier du collégien

ISBN : 978 209 189135-4

Avant la lecture

Qui êtes-vous, Monsieur Molière ?

◆ Comment est née votre vocation ?

Je suis né en **janvier 1622** à Paris. Mon père, un riche bourgeois, est marchand tapissier ; il deviendra même tapissier du roi, et il compte sur moi pour lui succéder. Je m'appelle **Jean-Baptiste Poquelin**, et je n'ai pas encore décidé de prendre le nom de scène qui me rendra célèbre, Molière. À dix ans, mon enfance est bouleversée par la mort de ma mère. Pour me changer les idées, mon grand-père m'emmène voir des spectacles de rue. Je suis fasciné par les comédiens et artistes de foire.

« Enfant, je suis déjà fasciné par les comédiens. »

Je fais des études au collège de Clermont (actuel lycée Louis-le-Grand), puis j'obtiens ma licence en droit en 1642. Mais je n'ai qu'une passion, le théâtre, et je sais que j'en ferai mon métier.

◆ Racontez-nous vos débuts dans le métier.

Malgré l'opposition de mon père, je fonde une troupe à vingt et un ans, **l'Illustre-Théâtre**, dont je deviendrai vite le principal acteur et auteur. Mais cette compagnie porte mal son nom : spécialisée dans la tragédie, elle accumule les échecs et fait faillite ; je passe même quelques jours en prison, pour dettes.

Je décide alors de tenter ma chance en province. **C'est le début d'une vie itinérante** qui durera douze ans. C'est « sur le terrain » que j'apprends le dur métier de comédien. Nous jouons des farces et des petites pièces de mon invention, comme *L'Étourdi* ou *Le Dépit amoureux*. Je me plais à faire rire le public et mes pitreries rencontrent un succès certain. J'obtiens le soutien financier de personnages importants comme le prince de Conti et surtout celui de Monsieur, frère du roi Louis XIV. Je peux dès lors revenir à Paris, en 1658, car mes finances s'améliorent.

◆ Quand vient le succès ?

Le 24 octobre 1658, nous jouons devant Louis XIV une pièce de Corneille, *Nicomède*. Si la tragédie ennuie le roi qui baille pendant la représentation, la farce que nous lui proposons à la fin du spectacle, ***Le Docteur amoureux***, le fait beaucoup rire. À partir de ce moment, les succès s'enchaînent : ***Les Précieuses ridicules*** (1659), ***L'École des femmes*** (1662) sont un triomphe. Nous devenons la **troupe officielle du Roi en 1665**.

Mes comédies connaissent beaucoup de succès... mais aussi beaucoup de critiques. Ceux qui se sentent visés attaquent mes pièces, ***Le Misanthrope*** par exemple, et les font même interdire, comme ***Le Tartuffe*** ou ***Dom Juan***.

Heureusement, le roi me protège. Je me détache peu à peu de la farce pour écrire et jouer **des pièces qui dénoncent les défauts humains.** ***L'Avare***, dont la première représentation a lieu le **9 septembre 1668**, est l'une de ces **comédies de caractère**.

> « *Mes pièces dénoncent les défauts humains.* »

Unique dans l'histoire du théâtre, **ma vie d'acteur, de directeur de troupe, de metteur en scène et d'auteur** m'épuise. Malgré la maladie, j'écris une dernière pièce sur le thème des médecins incompétents. À chaque représentation de celle-ci, j'incarne un malade imaginaire, alors que je suis vraiment malade... ■

***Molière est mort** d'une fluxion de poitrine le 17 février 1673 à **51 ans**, en jouant* Le Malade imaginaire. *En l'espace de quatorze ans, il a écrit **trente comédies**. Il est l'auteur de théâtre français le plus connu, le plus joué et le plus apprécié.*

La France au temps de Molière

◆ Un monarque absolu

À la mort de Louis XIII, son successeur, le futur Louis XIV, n'a que cinq ans. Sa mère, **Anne d'Autriche, et le tout-puissant cardinal Mazarin assurent la régence** : ils gèrent les affaires du royaume en raison du jeune âge du roi. En 1661, Louis XIV a 23 ans et il commence à régner en monarque absolu, aidé par son Premier ministre, Colbert. Il concentre tous les pouvoirs et se fait symboliquement appeler **le Roi Soleil.** Ce régime de monarchie absolue durera jusqu'à sa mort en 1715.

« Le peuple vit pauvrement. »

◆ La société française dans la seconde moitié du XVIIe siècle

La France de 1668 compte à peu près 20 millions d'habitants. C'est une société divisée en trois ordres bien distincts : **le clergé, la noblesse, et le tiers état** qui représente 97 % de la population. Le pays est surtout rural, même si les villes commencent à grandir : dans son immense majorité, le peuple vit pauvrement et souffre des guerres incessantes et des impôts. Toutefois, la bourgeoisie, dont fait partie Harpagon, s'enrichit.

1622 — Naissance de Molière

1643 — Constitution de la troupe de « L'Illustre-Théâtre »

1646-1658 — Tournées en province

1659 — Triomphe des *Précieuses ridicules*

1617-1643 LOUIS XIII

1643-1661 RÉGENCE

1634 — Richelieu crée l'Académie française

1637 — Corneille, *Le Cid*

1643 — Mort de Louis XIII. Régence de Mazarin

1650-1653 — Troubles de la Fronde, révolte de la noblesse

◆ Le théâtre au temps de Molière

En 1668, il n'y a que **deux théâtres officiels à Paris**. Les représentations ont donc souvent lieu dans des salles de jeu de paume (ancêtre du tennis), inconfortables, car inadaptées au théâtre.

Le public est debout, sauf les spectateurs les plus riches qui peuvent s'offrir des places assises sur des gradins au fond du théâtre ou sur la scène, où sont disposés des sièges. À cet endroit, on est sûr de voir et d'être vu ! Les places les moins chères, au parterre, coûtent l'équivalent d'une dizaine d'euros, et celles sur la scène une quarantaine. Les comédies de Molière font rire tout le monde, du noble de la Cour à l'artisan modeste des quartiers populaires de Paris.

Les représentations ont lieu en général l'après-midi. La scène est éclairée par la rampe, un système de chandelles alignées dont la lumière se reflète sur de petits miroirs.

« Molière fait rire tout le monde. »

Soucieux de son prestige, **le roi défend les arts** et subventionne en particulier la troupe de Molière, pour qui il éprouve une affection sincère. Il commande des spectacles mêlant danse, musique et théâtre, qui contribuent à sa gloire et à son rayonnement.

1662	1664	1665	1666	1668	1671	1673
Mariage avec Armande Béjart *L'École des femmes*	*Tartuffe*	*Dom Juan*	*Le Misanthrope*	*L'Avare*	*Les Fourberies de Scapin*	Mort de Molière

1661 LOUIS XIV

1667	1668	1672
Racine, *Andromaque*	La Fontaine, six premiers livres des *Fables*	La Cour s'installe à Versailles

Qui sont les personnages ?

Harpagon

Très riche mais très avare, âgé, haï, il convoite malgré tout Mariane, une belle jeune fille du voisinage.

Cléante

Ce jeune homme est le fils d'Harpagon. Il aime Mariane et devient ainsi le rival de son père, qui lui refuse tout argent.

Élise

C'est la fille d'Harpagon et la sœur de Cléante ; son père la destine à un riche voisin, le vieil Anselme. Mais la jeune fille s'est déjà secrètement fiancée à Valère.

Anselme

Voisin d'Harpagon, il décide de se remarier, car il se croit veuf et sans enfants.

Mariane

Se marier avec Harpagon lui permettrait de sortir de la misère, mais elle aime Cléante.

Valère

Pour rester près d'Élise, il s'est fait engager comme intendant chez Harpagon.

Frosine

Elle aide les amoureux. Cléante et Harpagon demandent tous deux son appui.

Maître Jacques

Difficile d'être cocher et cuisinier d'un maître qui ne veut rien dépenser du tout !

La Flèche

Valet de Cléante, il est sans cesse menacé ou grondé par Harpagon.

Lire...

L'Avare

Comédie (1668)

Molière

TEXTE INTÉGRAL

Les personnages

- **Harpagon,** père de Cléante et d'Élise, et amoureux [1] de Mariane.
- **Cléante,** fils d'Harpagon, amant de Mariane.
- **Élise,** fille d'Harpagon, amante de Valère.
- **Valère,** fils d'Anselme, et amant d'Élise.
- **Mariane,** amante de Cléante, et aimée d'Harpagon.
- **Anselme,** père de Valère et de Mariane.
- **Frosine,** femme d'intrigue.
- **Maitre Simon,** courtier [2].
- **Maitre Jacques,** cuisinier et cocher d'Harpagon.
- **La Flèche,** valet de Cléante.
- **Dame Claude,** servante d'Harpagon.
- **Brindavoine, La Merluche,** laquais d'Harpagon.
- **Le Commissaire et son Clerc [3].**

La scène est à Paris.

1. **Amoureux :** personne qui n'est pas aimée en retour, contrairement à l'« amant ».
2. **Courtier :** intermédiaire dans des opérations commerciales et financières.
3. **Clerc :** employé chez un notaire.

ACTE I

Scène 1

VALÈRE, ÉLISE

VALÈRE. – Hé quoi ? charmante Élise, vous devenez mélancolique, après les obligeantes[1] assurances que vous avez eu la bonté de me donner de votre foi[2] ? Je vous vois soupirer, hélas ! au milieu de ma joie ! Est-ce du regret, dites-moi, de m'avoir fait heureux, et vous repentez-vous de cet engagement[3] où mes feux[4] ont pu vous contraindre ?

ÉLISE. – Non, Valère, je ne puis pas me repentir de tout ce que je fais pour vous. Je m'y sens entraîner par une trop douce puissance, et je n'ai pas même la force de souhaiter que les choses ne fussent pas. Mais, à vous dire vrai, le succès[5] me donne de l'inquiétude ; et je crains fort de vous aimer un peu plus que je ne devrais.

VALÈRE. – Hé ! que pouvez-vous craindre, Élise, dans les bontés que vous avez pour moi ?

ÉLISE. – Hélas ! cent choses à la fois : l'emportement d'un père, les reproches d'une famille, les censures du monde[6] ; mais plus que tout, Valère, le changement de votre cœur, et cette froideur criminelle dont ceux de votre sexe payent le plus souvent les témoignages trop ardents d'une innocente amour.

VALÈRE. – Ah ! ne me faites pas ce tort, de juger de moi par les autres. Soupçonnez-moi de tout, Élise, plutôt que de manquer à ce que je vous dois : je vous aime trop pour cela, et mon amour pour vous durera autant que ma vie.

1. **Obligeantes** : douces.
2. **Votre foi** : votre fidélité en amour.
3. **Cet engagement** : cette promesse de mariage.
4. **Mes feux** : mon amour.
5. **Succès** : résultat.
6. **Censures du monde** : condamnations de la société.

Élise. – Ah ! Valère, chacun tient les mêmes discours. Tous les hommes sont semblables par les paroles ; et ce n'est que les actions qui les découvrent différents[1].

Valère. – Puisque les seules actions font connaître ce que nous sommes, attendez donc au moins à juger de mon cœur par elles, et ne me cherchez point des crimes dans les injustes craintes d'une fâcheuse prévoyance[2]. Ne m'assassinez point, je vous prie, par les sensibles[3] coups d'un soupçon outrageux[4], et donnez-moi le temps de vous convaincre, par mille et mille preuves, de l'honnêteté de mes feux.

Élise. – Hélas ! qu'avec facilité on se laisse persuader par les personnes que l'on aime ! Oui, Valère, je tiens[5] votre cœur incapable de m'abuser[6]. Je crois que vous m'aimez d'un véritable amour, et que vous me serez fidèle ; je n'en veux point du tout douter, et je retranche mon chagrin aux appréhensions du blâme qu'on pourra me donner[7].

Valère. – Mais pourquoi cette inquiétude ?

Élise. – Je n'aurais rien à craindre, si tout le monde vous voyait des yeux dont je vous vois, et je trouve en votre personne de quoi avoir raison aux choses que je fais pour vous. Mon cœur, pour sa défense, a tout votre mérite, appuyé du secours d'une reconnaissance où le Ciel m'engage envers vous. Je me représente à toute heure ce péril étonnant[8] qui commença de nous offrir aux regards l'un de l'autre ; cette générosité surprenante qui vous fit risquer votre vie, pour dérober la mienne à la fureur des ondes[9] ; ces soins pleins de tendresse que vous me fîtes éclater après m'avoir tirée de l'eau, et les hommages assidus de cet ardent amour que ni

1. **Qui les découvrent différents** : qui les révèlent fidèles ou infidèles.
2. **Fâcheuse prévoyance** : prévision pessimiste.
3. **Sensibles** : douloureux.
4. **Outrageux** : qui m'offense.
5. **Je tiens** : je crois.
6. **De m'abuser** : de me tromper.
7. **Je retranche mon chagrin aux appréhensions du blâme qu'on pourra me donner** : je limite mon inquiétude à la peur des reproches qu'on pourrait me faire.
8. **Péril étonnant** : danger terrifiant.
9. **Dérober la mienne à la fureur des ondes** : me sauver de la noyade.

le temps ni les difficultés n'ont rebuté, et qui, vous faisant négliger et parents et patrie, arrête vos pas en ces lieux, y tient en ma faveur votre fortune[10] déguisée, et vous a réduit, pour me voir, à vous revêtir de l'emploi de domestique de mon père. Tout cela fait chez moi sans doute un merveilleux effet ; et c'en est assez à mes yeux pour me justifier l'engagement où j'ai pu consentir ; mais ce n'est pas assez peut-être pour le justifier aux autres, et je ne suis pas sûre qu'on entre dans mes sentiments[11].

VALÈRE. – De tout ce que vous avez dit, ce n'est que par mon seul amour que je prétends auprès de vous mériter quelque chose ; et quant aux scrupules[12] que vous avez, votre père lui-même ne prend que trop de soin de vous justifier à tout le monde ; et l'excès de son avarice, et la manière austère[13] dont il vit avec ses enfants pourraient autoriser des choses plus étranges. Pardonnez-moi, charmante Élise, si j'en parle ainsi devant vous. Vous savez que sur ce chapitre on n'en peut pas dire de bien. Mais enfin, si je puis, comme je l'espère, retrouver mes parents, nous n'aurons pas beaucoup de peine à nous le rendre favorable. J'en attends des nouvelles avec impatience, et j'en irai chercher moi-même, si elles tardent à venir.

ÉLISE. – Ah ! Valère, ne bougez d'ici, je vous prie ; et songez seulement à vous bien mettre dans l'esprit de mon père.

VALÈRE. – Vous voyez comme je m'y prends, et les adroites complaisances[14] qu'il m'a fallu mettre en usage pour m'introduire à son service ; sous quel masque de sympathie et de rapports de sentiments je me déguise pour lui plaire, et quel

L'avarice : quelques synonymes

L'avidité : l'envie irrépressible de quelque chose, par exemple de richesses.
La cupidité : très fort désir d'argent et de richesses.
La parcimonie : la volonté d'économiser sur tout.
La thésaurisation : le fait d'amasser de l'argent en refusant à le dépenser.

10. **Fortune** : rang social.
11. **On entre dans mes sentiments** : on partage les mêmes sentiments.
12. **Scrupules** : craintes.
13. **Austère** : stricte, sévère.
14. **Complaisances** : amabilités.

personnage je joue tous les jours avec lui, afin d'acquérir sa tendresse. J'y fais des progrès admirables ; et j'éprouve que pour gagner les hommes, il n'est point de meilleure voie que de se parer à leurs yeux de leurs inclinations[1], que de donner dans leurs maximes[2], encenser[3] leurs défauts, et applaudir à ce qu'ils font. On n'a que faire d'avoir peur de trop charger la complaisance[4] ; et la manière dont on les joue[5] a beau être visible, les plus fins toujours sont de grandes dupes du côté de la flatterie ; et il n'y a rien de si impertinent et de si ridicule qu'on ne fasse avaler lorsqu'on l'assaisonne en louange. La sincérité souffre un peu au métier que je fais ; mais quand on a besoin des hommes, il faut bien s'ajuster[6] à eux ; et puisqu'on ne saurait les gagner que par là, ce n'est pas la faute de ceux qui flattent, mais de ceux qui veulent être flattés.

ÉLISE. – Mais que ne tâchez-vous aussi à gagner l'appui de mon frère, en cas que la servante s'avisât de révéler notre secret ?

VALÈRE. – On ne peut pas ménager l'un et l'autre ; et l'esprit du père et celui du fils sont des choses si opposées, qu'il est difficile d'accommoder ces deux confidences[7] ensemble. Mais vous, de votre part, agissez auprès de votre frère, et servez-vous de l'amitié qui est entre vous deux pour le jeter dans nos intérêts. Il vient, je me retire. Prenez ce temps pour lui parler ; et ne lui découvrez de notre affaire que ce que vous jugerez à propos[8].

ÉLISE. – Je ne sais si j'aurai la force de lui faire cette confidence.

1. **Se parer à leurs yeux de leurs inclinations** : faire semblant d'avoir les mêmes goûts.
2. **Donner dans leurs maximes** : leur donner toujours raison.
3. **Encenser** : flatter.
4. **Trop charger la complaisance** : les flatter de manière trop visible.
5. **Joue** : trompe.
6. **S'ajuster** : s'adapter.
7. **Accommoder ces deux confidences** : obtenir la confiance des deux.
8. **À propos** : convenable.

Scène 2

Cléante, Élise

Cléante. – Je suis bien aise[9] de vous trouver seule, ma sœur ; et je brûlais[10] de vous parler, pour m'ouvrir à vous d'un secret.

Élise. – Me voilà prête à vous ouïr[11], mon frère. Qu'avez-vous à me dire ?

Cléante. – Bien des choses, ma sœur, enveloppées dans un mot : j'aime.

Élise. – Vous aimez ?

Cléante. – Oui, j'aime. Mais avant que d'aller plus loin, je sais que je dépends d'un père, et que le nom de fils me soumet à ses volontés ; que nous ne devons point engager notre foi sans le consentement[12] de ceux dont nous tenons le jour ; que le Ciel les a faits les maîtres de nos vœux, et qu'il nous est enjoint[13] de n'en disposer que par leur conduite[14], que n'étant prévenus d'aucune folle ardeur[15], ils sont en état[16] de se tromper bien moins que nous, et de voir beaucoup mieux ce qui nous est propre[17] ; qu'il en faut plutôt croire les lumières de leur prudence que l'aveuglement de notre passion ; et que l'emportement de la jeunesse nous entraîne le plus souvent dans des précipices fâcheux. Je vous dis tout cela, ma sœur, afin que vous ne vous donniez pas la peine de me le dire ; car enfin mon amour ne veut rien écouter, et je vous prie de ne me point faire de remontrances[18].

9. **Aise** : content.
10. **Je brûlais** : j'étais très impatient.
11. **Ouïr** : écouter.
12. **Consentement** : accord.
13. **Enjoint** : ordonné.
14. **Que par leur conduite** : qu'avec leur autorisation.
15. **N'étant prévenus d'aucune folle ardeur** : n'étant influencés par aucune passion amoureuse.
16. **Sont en état** : risquent.
17. **Propre** : ce qui nous convient.
18. **Remontrances** : reproches.

ÉLISE. – Vous êtes-vous engagé, mon frère, avec celle que vous aimez ?

CLÉANTE. – Non, mais j'y suis résolu[1] ; et je vous conjure encore une fois de ne me point apporter de raisons pour m'en dissuader.

ÉLISE. – Suis-je, mon frère, une si étrange personne ?

CLÉANTE. – Non, ma sœur ; mais vous n'aimez pas : vous ignorez la douce violence qu'un tendre amour fait sur nos cœurs, et j'appréhende[2] votre sagesse.

ÉLISE. – Hélas ! mon frère, ne parlons point de ma sagesse. Il n'est personne qui n'en manque, du moins une fois en sa vie ! et si je vous ouvre mon cœur, peut-être serai-je à vos yeux bien moins sage que vous.

CLÉANTE. – Ah ! plût au Ciel que votre âme, comme la mienne…

ÉLISE. – Finissons auparavant votre affaire, et me dites qui est celle que vous aimez.

CLÉANTE. – Une jeune personne qui loge depuis peu en ces quartiers, et qui semble être faite pour donner de l'amour à tous ceux qui la voient. La nature, ma sœur, n'a rien formé de plus aimable[3] ; et je me sentis transporté[4] dès le moment que je la vis. Elle se nomme Mariane, et vit sous la conduite d'une bonne femme de mère[5], qui est presque toujours malade, et pour qui cette aimable fille a des sentiments d'amitié[6] qui ne sont pas imaginables. Elle la sert, la plaint, et la console avec une tendresse qui vous toucherait

1. **Résolu** : décidé.
2. **J'appréhende** : je crains.
3. **Aimable** : digne d'être aimé.
4. **Transporté** : séduit.
5. **Une bonne femme de mère** : une mère âgée.
6. **Amitié** : amour filial.

l'âme. Elle se prend d'un air le plus charmant du monde aux choses qu'elle fait, et l'on voit briller mille grâces en toutes ses actions : une douceur pleine d'attraits, une bonté tout engageante, une honnêteté[7] adorable, une... Ah ! ma sœur, je voudrais que vous l'eussiez vue.

ÉLISE. – J'en vois beaucoup, mon frère, dans les choses que vous me dites ; et pour comprendre ce qu'elle est, il me suffit que vous l'aimez.

CLÉANTE. – J'ai découvert sous main[8] qu'elles ne sont pas fort accommodées[9], et que leur discrète conduite[10] a de la peine à étendre à tous leurs besoins le bien[11] qu'elles peuvent avoir. Figurez-vous, ma sœur, quelle joie ce peut être que de relever la fortune d'une personne que l'on aime ; que de donner adroitement quelques petits secours aux modestes nécessités[12] d'une vertueuse famille ; et concevez[13] quel déplaisir ce m'est de voir que, par l'avarice d'un père, je sois dans l'impuissance de goûter cette joie, et de faire éclater à cette belle aucun témoignage de mon amour.

ÉLISE. – Oui, je conçois assez, mon frère, quel doit être votre chagrin.

CLÉANTE. – Ah ! ma sœur, il est plus grand qu'on ne peut croire. Car enfin peut-on rien voir de plus cruel que cette rigoureuse épargne qu'on exerce sur nous, que cette sécheresse étrange[14] où l'on nous fait languir[15] ? Et que nous servira d'avoir du bien, s'il ne nous vient que dans le temps que nous ne serons plus dans le bel âge d'en jouir, et si pour m'entretenir[16] même, il faut que maintenant je m'engage[17] de tous côtés, si je suis réduit avec vous à chercher tous les

7. **Honnêteté** : savoir-vivre.
8. **Sous main** : en secret.
9. **Accommodées** : riches.
10. **Leur discrète conduite** : leur façon de vivre modeste.
11. **Le bien** : l'argent.
12. **Nécessités** : besoins.
13. **Concevez** : imaginez.
14. **Sécheresse étrange** : pauvreté injuste.
15. **Languir** : souffrir.
16. **M'entretenir** : faire face à mes dépenses.
17. **M'engage** : m'endette.

jours le secours des marchands, pour avoir moyen de porter des habits raisonnables ? Enfin j'ai voulu vous parler, pour m'aider à sonder mon père sur les sentiments où je suis ; et si je l'y trouve contraire[1], j'ai résolu d'aller en d'autres lieux, avec cette aimable personne, jouir de la fortune[2] que le Ciel voudra nous offrir. Je fais chercher partout pour ce dessein[3] de l'argent à emprunter ; et si vos affaires, ma sœur, sont semblables aux miennes, et qu'il faille que notre père s'oppose à nos désirs, nous le quitterons là tous les deux et nous affranchirons[4] de cette tyrannie où nous tient depuis si longtemps son avarice insupportable.

ÉLISE. – Il est bien vrai que, tous les jours, il nous donne de plus en plus sujet de regretter la mort de notre mère, et que…

CLÉANTE. – J'entends sa voix. Éloignons-nous un peu, pour nous achever notre confidence ; et nous joindrons après nos forces pour venir attaquer la dureté de son humeur[5].

1. **Contraire** : opposé à mon amour.
2. **Fortune** : vie.
3. **Dessein** : projet.
4. **Nous affranchirons** : nous nous libérerons.
5. **Humeur** : caractère.

L'Avare, un spectacle du « Grenier de Babouchka », mis en scène par Jean-Philippe Daguerre, avec Antoine Guiraud (Cléante), Mariejo Buffon (Élise), théâtre du Ranelagh, 2018-2019, Paris.

Pause lecture 1 ACTE I ◆ scènes 1 et 2

Avez-vous bien lu ?

- Pourquoi Valère est-il devenu l'intendant d'Harpagon ?

❑ Pour gagner sa vie.
❑ Pour gagner la confiance d'Harpagon.
❑ Pour le voler.

Au fil du texte

Scène 1

1. Dans quelles circonstances Élise et Valère se sont-ils rencontrés ?
2. Quelles sont les différentes craintes qu'Élise présente à la scène 1 ? Quelle est la plus forte ? Pourquoi finit-elle par être rassurée ?
3. Quel comportement adopte Valère pour gagner les faveurs du père d'Élise (lignes 77 à 95) ? Selon lui, de qui la jeune femme doit-elle chercher l'appui ?

Scène 2

4. Qu'avoue Cléante à sa sœur ? Quelle précaution prend-il avant de lui révéler son secret ? Pourquoi ?
5. Comment s'appelle la jeune femme qu'aime Cléante ? Dans quelle situation matérielle se trouve-t-elle ?
6. **Zoom sur les lignes 46 à 68**
   a. Faites la liste de toutes les qualités énumérées par Cléante.
   b. Relevez tous les adjectifs qui qualifient la jeune femme. Quel portrait Cléante dresse-t-il de celle qu'il aime ?
   c. Pour quelle raison Cléante n'est-il pas heureux ?

7 Que décide Cléante à la fin de la scène ? Que doit-il trouver pour mener à bien son projet ?

Pour conclure

8 Quel mystère plane sur les parents de Valère ? Quels rebondissements ce mystère annonce-t-il ?

9 Montrez que le frère et la sœur n'ont pas du tout le même caractère. Qui est le plus raisonnable des deux ?

10 Quelles informations les scènes 1 et 2 donnent-elles sur le père de Cléante et d'Élise : caractère, situation sociale, défaut ?

11 Quelles sont les relations entre le fils et le père ? Comment Cléante appelle-t-il le pouvoir que son père exerce sur lui à la fin de la scène 2 ?

Vocabulaire « une innocente amour » (scène 1, l. 19-20)

a. Quel est le genre du nom « amour » dans le texte : masculin ou féminin ? Est-il toujours le même aujourd'hui lorsque le nom est employé au singulier ?

b. Il existe trois noms qui changent de genre : « amour », « délice » et « orgue ». Ils sont au masculin lorsqu'ils sont au singulier, mais au féminin lorsqu'ils sont au pluriel.

Accordez comme il convient les adjectifs entre parenthèses.
L'amour (*maternel*) – des amours (*enfantin*) – un délice (*infini*) – des délices (*nombreux*) – un orgue (*réparé*) – les (*grand*) orgues

Écriture

Relisez les lignes 42 à 55 de la scène 2. Imaginez le récit du coup de foudre entre Cléante et Mariane fait par un promeneur, témoin de leur rencontre. N'oubliez pas de faire le portrait des deux jeunes gens.

Scène 3

HARPAGON, LA FLÈCHE

HARPAGON. – Hors d'ici tout à l'heure[1], et qu'on ne réplique pas. Allons, que l'on détale de chez moi, maître juré filou[2], vrai gibier de potence.

LA FLÈCHE. – Je n'ai jamais rien vu de si méchant que ce maudit vieillard et je pense, sauf correction[3], qu'il a le diable au corps.

HARPAGON. – Tu murmures entre tes dents.

LA FLÈCHE. – Pourquoi me chassez-vous ?

HARPAGON. – C'est bien à toi, pendard, à me demander des raisons ; sors vite, que[4] je ne t'assomme.

LA FLÈCHE. – Qu'est-ce que je vous ai fait ?

HARPAGON. – Tu m'as fait que je veux que tu sortes.

LA FLÈCHE. – Mon maître, votre fils, m'a donné ordre de l'attendre.

HARPAGON. – Va-t'en l'attendre dans la rue, et ne sois point dans ma maison planté tout droit comme un piquet, à observer ce qui se passe, et faire ton profit de tout. Je ne veux point avoir sans cesse devant moi un espion de mes affaires, un traître, dont les yeux maudits assiègent toutes mes actions, dévorent ce que je possède, et furètent[5] de tous côtés pour voir s'il n'y a rien à voler.

1. **Tout à l'heure** : tout de suite.
2. **Maître juré filou** : voleur professionnel.
3. **Correction** : erreur.
4. **Que** : avant que.
5. **Furètent** : cherchent.

La Flèche. – Comment diantre[6] voulez-vous qu'on fasse pour vous voler ? Êtes-vous un homme volable, quand vous renfermez toutes choses, et faites sentinelle jour et nuit ?

Harpagon. – Je veux renfermer ce que bon me semble, et faire sentinelle comme il me plaît. Ne voilà pas de mes mouchards[7], qui prennent garde à[8] ce qu'on fait ? Je tremble qu'il n'ait soupçonné quelque chose de mon argent. Ne serais-tu point homme à aller faire courir le bruit que j'ai chez moi de l'argent caché ?

La Flèche. – Vous avez de l'argent caché ?

Harpagon. – Non, coquin, je ne dis pas cela. *(À part.)* J'enrage. Je demande si malicieusement[9] tu n'irais point faire courir le bruit que j'en ai.

La Flèche. – Hé ! que nous importe que vous en ayez ou que vous n'en ayez pas, si c'est pour nous la même chose ?

Harpagon. – Tu fais le raisonneur. Je te baillerai[10] de ce raisonnement-ci par les oreilles. *(Il lève la main pour lui donner un soufflet[11].)* Sors d'ici, encore une fois.

La Flèche. – Hé bien ! je sors.

Harpagon. – Attends. Ne m'emportes-tu rien ?

La Flèche. – Que vous emporterais-je ?

Harpagon. – Viens çà[12], que je voie. Montre-moi tes mains.

La Flèche. – Les voilà.

Harpagon. – Les autres.

6. **Diantre** : diable.
7. **Mouchards** : espions.
8. **Prennent garde à** : surveillent.
9. **Malicieusement** : méchamment.
10. **Baillerai** : donnerai.
11. **Soufflet** : gifle.
12. **Viens çà** : viens ici.

La Flèche. – Les autres ?

Harpagon. – Oui.

La Flèche. – Les voilà.

Harpagon. – N'as-tu rien mis ici dedans ?

La Flèche. – Voyez vous-même.

Harpagon. *Il tâte le bas de ses chausses*[1]. – Ces grands hauts-de-chausses sont propres à devenir les receleurs[2] des choses qu'on dérobe[3] ; et je voudrais qu'on en eût fait pendre quelqu'un.

La Flèche. – Ah ! qu'un homme comme cela mériterait bien ce qu'il craint ! et que j'aurais de joie à le voler !

Harpagon. – Euh ?

La Flèche. – Quoi ?

Harpagon. – Qu'est-ce que tu parles de voler ?

La Flèche. – Je dis que vous fouillez bien partout, pour voir si je vous ai volé.

Harpagon. – C'est ce que je veux faire.

Il fouille dans les poches de La Flèche.

La Flèche. – La peste soit de l'avarice et des avaricieux[4] !

Harpagon. – Comment ? que dis-tu ?

La Flèche. – Ce que je dis ?

1. **Chausses** : pantalon court.
2. **Receleurs** : cachettes.
3. **Dérobe** : vole.
4. **Avaricieux** : avares (péjoratif).

HARPAGON. – Oui : qu'est-ce que tu dis d'avarice et d'avaricieux ?

LA FLÈCHE. – Je dis que la peste soit de l'avarice et des avaricieux.

HARPAGON. – De qui veux-tu parler ?

LA FLÈCHE. – Des avaricieux.

HARPAGON. – Et qui sont-ils ces avaricieux ?

LA FLÈCHE. – Des vilains et des ladres[5].

HARPAGON. – Mais qui est-ce que tu entends par là ?

LA FLÈCHE. – De quoi vous mettez-vous en peine[6] ?

HARPAGON. – Je me mets en peine de ce qu'il faut.

LA FLÈCHE. – Est-ce que vous croyez que je veux parler de vous ?

HARPAGON. – Je crois ce que je crois ; mais je veux que tu me dises à qui tu parles quand tu dis cela.

LA FLÈCHE. – Je parle… je parle à mon bonnet.

HARPAGON. – Et moi, je pourrais bien parler à ta barrette[7].

LA FLÈCHE. – M'empêcherez-vous de maudire les avaricieux ?

HARPAGON. – Non ; mais je t'empêcherai de jaser[8], et d'être insolent. Tais-toi.

LA FLÈCHE. – Je ne nomme personne.

HARPAGON. – Je te rosserai[9], si tu parles.

Avare

Ce mot est issu du latin *avarus* qui a aussi donné *avide*. L'avarice était condamnée par l'Église comme l'un des sept péchés capitaux avec la colère, l'envie, la gourmandise, la luxure (le goût du plaisir charnel), l'orgueil (le sentiment de supériorité) et la paresse. *Avare* a également des synonymes familiers : *pingre, grippe-sou, grigou* ou *radin.*

5. **Vilains, ladres** : avares.
6. **Vous mettez-vous en peine** : vous inquiétez-vous.
7. **Parler à ta barrette** : te donner des coups sur la tête.
8. **Jaser** : bavarder à tort et à travers.
9. **Rosserai** : battrai.

LA FLÈCHE. – Qui se sent morveux[1], qu'il se mouche.

HARPAGON. – Te tairas-tu ?

LA FLÈCHE. – Oui, malgré moi.

HARPAGON. – Ha ! ha !

LA FLÈCHE, *lui montrant une des poches de son justaucorps*[2]. – Tenez, voilà encore une poche ; êtes-vous satisfait ?

HARPAGON. – Allons, rends-le-moi sans te fouiller.

LA FLÈCHE. – Quoi ?

HARPAGON. – Ce que tu m'as pris.

LA FLÈCHE. – Je ne vous ai rien pris du tout.

HARPAGON. – Assurément ?

LA FLÈCHE. – Assurément.

HARPAGON. – Adieu, va-t'en à tous les diables.

LA FLÈCHE. – Me voilà fort bien congédié[3].

HARPAGON. – Je te le mets sur ta conscience[4], au moins. Voilà un pendard[5] de valet qui m'incommode[6] fort, et je ne me plais point à voir ce chien de boiteux-là.

1. **Morveux** : qui a le nez plein.
2. **Justaucorps** : veste.
3. **Congédié** : renvoyé.
4. **Je te le mets sur ta conscience** : je mets ton vol sur ta conscience.
5. **Pendard** : coquin.
6. **M'incommode** : me déplaît.

Pause lecture 2

Avez-vous bien lu ?

- Pourquoi Harpagon est-il en colère ?

- [ ] Il soupçonne La Flèche de lui avoir dérobé de l'argent.
- [ ] La Flèche lui a désobéi.
- [ ] La Flèche a volé de l'argent à son maître et l'a caché dans ses vêtements.

Au fil du texte

Scène 3

1. Pourquoi Harpagon n'apparaît-il pas dès la scène 1 ? Qui a déjà parlé de lui ? Quel est l'effet sur le spectateur ?
2. Qui est La Flèche ? Par quels mots Harpagon le désigne-t-il ? Sur quel ton lui parle-t-il ?
3. **Zoom sur les lignes 15 à 30**
   a. Relevez tous les mots qui appartiennent au champ lexical de la méfiance.
   b. De quoi Harpagon accuse-t-il La Flèche ?
   c. Montrez que l'apparition d'Harpagon confirme son portrait, fait aux scènes 1 et 2. Quels sont ses défauts ?
4. Pour quelle raison Harpagon rappelle-t-il La Flèche au moment où celui-ci allait sortir ? Quelle remarque pouvez-vous faire sur la longueur des répliques des lignes 40 à 102 ? Comment s'appelle ce type de dialogue (voir les mots du théâtre, p. 188) ? Quel est l'effet produit ?

5 Par quel procédé théâtral La Flèche parvient-il à dire ce qu'il pense de son maître (voir les mots du théâtre, p. 188) ? Quelles paroles montrent qu'Harpagon se sent visé par ce que dit son valet ?

6 De quoi Harpagon menace-t-il La Flèche pour l'empêcher de parler ?

Pour conclure

7 En quoi le ton de la scène 3 est-il différent de celui des scènes 1 et 2 ?

8 Repérez les gestes et les jeux de scène qui sont directement la conséquence de l'avarice d'Harpagon.

Vocabulaire « Harpagon »

Molière a créé le nom propre « Harpagon » à partir de la racine grecque « *harpê* », qui signifie « objet crochu » ou « faucon ». Voici d'autres mots de la même famille :

- **Harpe** : instrument de musique à cordes pincées.
- **Harpie** : monstre mythologique à corps d'oiseau, aux griffes acérées et à tête de femme. Au sens figuré : personne avide, rapace.
- **Harper** : saisir, voler. Ce mot ne s'emploie plus aujourd'hui.
- **Harpon** : instrument en forme de flèche pour attraper de gros poissons.
- **Harponner** : au sens figuré, arrêter, saisir brutalement.

Quel est le point commun de tous ces mots ? En quoi le nom « Harpagon » convient-il bien à ce personnage ?

Mise en scène

Jouez la scène 3 de la ligne 43 à la fin (fouille de La Flèche par Harpagon). N'oubliez pas de bien relire les didascalies avant de commencer.

Scène 4

Élise, Cléante, Harpagon

Harpagon. – Certes ce n'est pas une petite peine que de garder chez soi une grande somme d'argent ; et bienheureux qui a tout son fait[1] bien placé, et ne conserve seulement que ce qu'il faut pour sa dépense. On n'est pas peu embarrassé à inventer dans toute une maison une cache[2] fidèle ; car pour moi, les coffres-forts me sont suspects, et je ne veux jamais m'y fier : je les tiens[3] justement une franche amorce[4] à voleurs, et c'est toujours la première chose que l'on va attaquer. Cependant je ne sais si j'aurai bien fait d'avoir enterré dans mon jardin dix mille écus[5] qu'on me rendit hier. Dix mille écus en or chez soi est une somme assez…

Ici le frère et la sœur paraissent s'entretenant[6] bas.

Ô Ciel ! je me serai trahi moi-même : la chaleur[7] m'aura emporté, et je crois que j'ai parlé haut en raisonnant tout seul. Qu'est-ce ?

Cléante. – Rien, mon père.

Harpagon. – Y a-t-il longtemps que vous êtes là ?

Élise. – Nous ne venons que d'arriver.

Harpagon. – Vous avez entendu…

Cléante. – Quoi, mon père ?

Harpagon. – Là…

Élise. – Quoi ?

1. **Tout son fait** : toute sa fortune.
2. **Cache** : cachette.
3. **Je les tiens** : je les considère comme.
4. **Amorce** : appât.
5. **Dix mille écus** : trente kilos d'or environ, une somme considérable.
6. **S'entretenant** : se parlant.
7. **Chaleur** : passion.

Harpagon. – Ce que je viens de dire.

Cléante. – Non.

Harpagon. – Si fait[1], si fait.

Élise. – Pardonnez-moi.

Harpagon. – Je vois bien que vous en avez ouï quelques mots. C'est que je m'entretenais en moi-même de la peine qu'il y a aujourd'hui à trouver de l'argent, et je disais qu'il est bien heureux qui peut avoir dix mille écus chez soi.

Cléante. – Nous feignions[2] à vous aborder, de peur de vous interrompre.

Harpagon. – Je suis bien aise de vous dire cela, afin que vous n'alliez pas prendre les choses de travers et vous imaginer que je dise que c'est moi qui ai dix mille écus.

Cléante. – Nous n'entrons point dans vos affaires.

Harpagon. – Plût à Dieu que je les eusse, dix mille écus !

Cléante. – Je ne crois pas…

Harpagon. – Ce serait une bonne affaire pour moi.

Élise. – Ce sont des choses…

Harpagon. – J'en aurais bon[3] besoin.

Cléante. – Je pense que…

Harpagon. – Cela m'accommoderait[4] fort.

Élise. – Vous êtes…

1. **Si fait** : mais si.
2. **Feignions** : hésitions.
3. **Bon** : bien.
4. **M'accommoderait** : me plairait.

Harpagon. – Et je ne me plaindrais pas, comme je fais, que le temps est misérable[5].

Cléante. – Mon Dieu ! mon père, vous n'avez pas lieu[6] de vous plaindre, et l'on sait que vous avez assez de bien[7].

Harpagon. – Comment ? j'ai assez de bien ! Ceux qui le disent en ont menti. Il n'y a rien de plus faux ; et ce sont des coquins qui font courir tous ces bruits-là.

Élise. – Ne vous mettez point en colère.

Harpagon. – Cela est étrange, que mes propres enfants me trahissent et deviennent mes ennemis !

Cléante. – Est-ce être votre ennemi que de dire que vous avez du bien ?

Harpagon. – Oui : de pareils discours et les dépenses que vous faites seront cause qu'un de ces jours on me viendra chez moi couper la gorge, dans la pensée que je suis tout cousu de pistoles[8].

Cléante. – Quelle grande dépense est-ce que je fais ?

Harpagon. – Quelle ? Est-il rien de plus scandaleux que ce somptueux équipage[9] que vous promenez par la ville ? Je querellais[10] hier votre sœur ; mais c'est encore pis. Voilà qui crie vengeance au Ciel ; et à vous prendre depuis les pieds jusqu'à la tête, il y aurait là de quoi faire une bonne constitution[11]. Je vous l'ai dit vingt fois, mon fils, toutes vos manières me déplaisent fort : vous donnez furieusement dans le marquis[12] ; et pour aller ainsi vêtu, il faut bien que vous me dérobiez[13].

5. **Le temps est misérable** : c'est une époque de misère.
6. **Vous n'avez pas lieu** : vous n'avez pas de raison.
7. **Bien** : fortune.
8. **Tout cousu de pistoles** : très riche (pistole : ancienne monnaie).
9. **Équipage** : vêtements.
10. **Querellais** : grondais.
11. **Une bonne constitution** : un bon placement.
12. **Le marquis** : l'élégant.
13. **Dérobiez** : voliez.

CLÉANTE. – Hé ! comment vous dérober ?

HARPAGON. – Que sais-je ? Où pouvez-vous donc prendre de quoi entretenir l'état que vous portez[1] ?

CLÉANTE. – Moi, mon père ? C'est que je joue ; et comme je suis fort heureux[2], je mets sur moi tout l'argent que je gagne.

HARPAGON. – C'est fort mal fait. Si vous êtes heureux au jeu, vous en devriez profiter, et mettre à l'honnête intérêt[3] l'argent que vous gagnez afin de le trouver un jour. Je voudrais bien savoir, sans parler du reste, à quoi servent tous ces rubans dont vous voilà lardé[4] depuis les pieds jusqu'à la tête, et si une demi-douzaine d'aiguillettes[5] ne suffit pas pour attacher un haut-de-chausses ? Il est bien nécessaire d'employer de l'argent à des perruques, lorsque l'on peut porter des cheveux de son cru[6], qui ne coûtent rien. Je vais gager[7] qu'en perruques et rubans, il y a du moins vingt pistoles ; et vingt pistoles rapportent par année dix-huit livres six sols huit deniers, à ne les placer qu'au denier douze[8].

CLÉANTE. – Vous avez raison.

HARPAGON. – Laissons cela, et parlons d'autre affaire. Euh ? Je crois qu'ils se font signe l'un à l'autre de me voler ma bourse. Que veulent dire ces gestes-là ?

ÉLISE. – Nous marchandons[9], mon frère et moi, à qui parlera le premier ; et nous avons tous deux quelque chose à vous dire.

1. **Entretenir l'état que vous portez** : payer votre train de vie.
2. **Heureux** : chanceux.
3. **Mettre à l'honnête intérêt** : faire fructifier.
4. **Lardé** : entouré.
5. **Aiguillettes** : rubans pour attacher la culotte courte à la veste.
6. **Des cheveux de son cru** : ses propres cheveux.
7. **Gager** : parier.
8. **Au denier douze** : un denier d'intérêt pour douze deniers placés.
9. **Marchandons** : hésitons.

HARPAGON. – Et moi, j'ai quelque chose aussi à vous dire à tous deux.

CLÉANTE. – C'est de mariage, mon père, que nous désirons vous parler.

HARPAGON. – Et c'est de mariage aussi que je veux vous entretenir[10].

ÉLISE. – Ah ! mon père !

HARPAGON. – Pourquoi ce cri ? Est-ce le mot, ma fille, ou la chose, qui vous fait peur ?

CLÉANTE. – Le mariage peut nous faire peur à tous deux, de la façon que vous pouvez l'entendre[11] ; et nous craignons que nos sentiments ne soient pas d'accord avec votre choix.

HARPAGON. – Un peu de patience. Ne vous alarmez point[12]. Je sais ce qu'il faut à tous deux ; et vous n'aurez ni l'un ni l'autre aucun lieu[13] de vous plaindre de tout ce que je prétends faire. Et pour commencer par un bout : avez-vous vu, dites-moi, une jeune personne appelée Mariane, qui ne loge pas loin d'ici ?

CLÉANTE. – Oui, mon père.

HARPAGON. – Et vous ?

ÉLISE. – J'en ai ouï parler.

HARPAGON. – Comment, mon fils, trouvez-vous cette fille ?

CLÉANTE. – Une fort charmante personne.

HARPAGON. – Sa physionomie[14] ?

10. **Entretenir** : parler.
11. **L'entendre** : l'imaginer.
12. **Ne vous alarmez point** : ne vous inquiétez pas.
13. **Aucun lieu** : aucune raison.
14. **Physionomie** : visage.

CLÉANTE. – Tout honnête, et pleine d'esprit[1].

HARPAGON. – Son air et sa manière[2] ?

CLÉANTE. – Admirables, sans doute[3].

HARPAGON. – Ne croyez-vous pas qu'une fille comme cela mériterait assez que l'on songeât à elle ?

CLÉANTE. – Oui, mon père.

HARPAGON. – Que ce serait un parti[4] souhaitable ?

CLÉANTE. – Très souhaitable.

HARPAGON. – Qu'elle a toute la mine de faire un bon ménage ?

CLÉANTE. – Sans doute.

HARPAGON. – Et qu'un mari aurait satisfaction avec elle ?

CLÉANTE. – Assurément.

HARPAGON. – Il y a une petite difficulté : c'est que j'ai peur qu'il n'y ait pas avec elle tout le bien qu'on pourrait prétendre.

CLÉANTE. – Ah ! mon père, le bien n'est pas considérable[5], lorsqu'il est question d'épouser une honnête personne.

HARPAGON. – Pardonnez-moi, pardonnez-moi. Mais ce qu'il y a à dire, c'est que si l'on n'y trouve pas tout le bien qu'on souhaite, on peut tâcher de regagner cela sur autre chose.

CLÉANTE. – Cela s'entend[6].

1. **Pleine d'esprit** : intelligente.
2. **Manière** : façon de se comporter.
3. **Sans doute** : certainement.
4. **Parti** : personne à marier.
5. **N'est pas considérable** : n'est pas très important.
6. **Cela s'entend** : cela va de soi.

Harpagon. – Enfin je suis bien aise[7] de vous voir dans mes sentiments ; car son maintien[8] honnête et sa douceur m'ont gagné l'âme, et je suis résolu[9] de l'épouser, pourvu que j'y trouve quelque bien.

Cléante. – Euh ?

Harpagon. – Comment ?

Cléante. – Vous êtes résolu, dites-vous… ?

Harpagon. – D'épouser Mariane.

Cléante. – Qui, vous ? vous ?

Harpagon. – Oui, moi, moi, moi. Que veut dire cela ?

Cléante. – Il m'a pris tout à coup un éblouissement, et je me retire d'ici.

Harpagon. – Cela ne sera rien. Allez vite boire dans la cuisine un grand verre d'eau claire. Voilà de mes damoiseaux flouets[10], qui n'ont non plus de vigueur que des poules. C'est là, ma fille, ce que j'ai résolu pour moi. Quant à ton frère, je lui destine une certaine veuve dont ce matin on m'est venu parler ; et pour toi, je te donne au seigneur Anselme.

Élise. – Au seigneur Anselme ?

Harpagon. – Oui, un homme mûr, prudent et sage, qui n'a pas plus de cinquante ans, et dont on vante les grands biens.

Élise. *Elle fait une révérence.* – Je ne veux point me marier, mon père, s'il vous plaît.

7. **Aise** : content.
8. **Maintien** : attitude.
9. **Résolu** : décidé.
10. **Damoiseaux flouets** : jeunes gens sans forces.

Harpagon. *Il contrefait[1] la révérence.* – Et moi, ma petite fille, ma mie, je veux que vous vous mariiez, s'il vous plaît.

Élise. – Je vous demande pardon, mon père.

Harpagon. – Je vous demande pardon, ma fille.

Élise. – Je suis très humble servante au seigneur Anselme ; mais avec votre permission, je ne l'épouserai point.

Harpagon. – Je suis votre très humble valet ; mais, avec votre permission, vous l'épouserez dès ce soir.

Élise. – Dès ce soir ?

Harpagon. – Dès ce soir.

Élise. – Cela ne sera pas, mon père.

Harpagon. – Cela sera, ma fille.

Élise. – Non.

Harpagon. – Si.

Élise. – Non, vous dis-je.

Harpagon. – Si, vous dis-je.

Élise. – C'est une chose où vous ne me réduirez point[2].

Harpagon. – C'est une chose où je te réduirai.

Élise. – Je me tuerai plutôt que d'épouser un tel mari.

Harpagon. – Tu ne te tueras point, et tu l'épouseras. Mais voyez quelle audace ! A-t-on jamais vu une fille parler de la sorte[3] à son père ?

1. **Contrefait** : imite.
2. **Où vous ne me réduirez point** : à laquelle vous ne m'obligerez pas.
3. **De la sorte** : ainsi.

L'Avare, un spectacle du « Grenier de Babouchka », mis en scène par Jean-Philippe Daguerre, avec Mariejo Buffon (Élise), Didier Lafaye (Harpagon), Antoine Guiraud (Cléante), théâtre du Ranelagh, 2018-2019, Paris.

ÉLISE. – Mais a-t-on jamais vu un père marier sa fille de la sorte ?

HARPAGON. – C'est un parti[1] où il n'y a rien à redire ; et je gage[2] que tout le monde approuvera mon choix.

ÉLISE. – Et moi, je gage qu'il ne saurait être approuvé d'aucune personne raisonnable.

HARPAGON. – Voilà Valère : veux-tu qu'entre nous deux nous le fassions juge de cette affaire ?

ÉLISE. – J'y consens[3].

HARPAGON. – Te rendras-tu[4] à son jugement ?

ÉLISE. – Oui, j'en passerai par[5] ce qu'il dira.

HARPAGON. – Voilà qui est fait.

1. **Parti** : fiancé.
2. **Gage** : parie.
3. **J'y consens** : j'accepte.
4. **Te rendras-tu** : te soumettras-tu.
5. **J'en passerai par** : j'obéirai à.

Scène 5

Valère, Harpagon, Élise

Harpagon. – Ici, Valère. Nous t'avons élu[6] pour nous dire qui a raison, de ma fille ou de moi.

Valère. – C'est vous, Monsieur, sans contredit[7].

Harpagon. – Sais-tu bien de quoi nous parlons ?

Valère. – Non, mais vous ne sauriez avoir tort, et vous êtes toute raison.

Harpagon. – Je veux ce soir lui donner pour époux un homme aussi riche que sage ; et la coquine me dit au nez qu'elle se moque de le prendre. Que dis-tu de cela ?

Valère. – Ce que j'en dis ?

Harpagon. – Oui.

Valère. – Eh, eh.

Harpagon. – Quoi ?

Valère. – Je dis que dans le fond je suis de votre sentiment ; et vous ne pouvez pas que vous n'ayez raison[8]. Mais aussi n'a-t-elle pas tort tout à fait, et…

Harpagon. – Comment ? le seigneur Anselme est un parti considérable, c'est un gentilhomme qui est noble, doux, posé[9], sage, et fort accommodé[10], et auquel il ne reste aucun enfant de son premier mariage. Saurait-elle mieux rencontrer ?

La dot

C'est l'argent qu'une jeune fille apporte lorsqu'elle se marie. Cette somme est versée par ses parents. Ici, Harpagon se réjouit de n'avoir rien à dépenser pour Élise.

6. **Élu** : choisi.
7. **Sans contredit** : sans contestation possible.
8. **Vous ne pouvez pas que vous n'ayez raison** : vous avez forcément raison.
9. **Posé** : calme.
10. **Accommodé** : riche.

Valère. – Cela est vrai. Mais elle pourrait vous dire que c'est un peu précipiter les choses, et qu'il faudrait au moins quelque temps pour voir si son inclination[1] pourra s'accommoder[2] avec…

Harpagon. – C'est une occasion qu'il faut prendre vite aux cheveux. Je trouve ici un avantage qu'ailleurs je ne trouverais pas, et il s'engage à la prendre sans dot.

Valère. – Sans dot ?

Harpagon. – Oui.

Valère. – Ah ! je ne dis plus rien. Voyez-vous ? voilà une raison tout à fait convaincante ; il se faut rendre à cela.

Harpagon. – C'est pour moi une épargne[3] considérable.

Valère. – Assurément, cela ne reçoit point de contradiction. Il est vrai que votre fille vous peut représenter[4] que le mariage est une plus grande affaire qu'on ne peut croire ; qu'il y va d'être heureux ou malheureux toute sa vie ; et qu'un engagement qui doit durer jusqu'à la mort ne se doit jamais faire qu'avec de grandes précautions.

Harpagon. – Sans dot.

Valère. – Vous avez raison : voilà qui décide tout, cela s'entend. Il y a des gens qui pourraient vous dire qu'en de telles occasions l'inclination d'une fille est une chose sans doute où l'on doit avoir de l'égard[5] ; et que cette grande inégalité d'âge, d'humeur[6] et de sentiments rend un mariage sujet à des accidents très fâcheux.

1. **Son inclination** : ses sentiments.
2. **S'accommoder** : s'habituer.
3. **Épargne** : économie.
4. **Représenter** : faire observer.
5. **Où l'on doit avoir de l'égard** : qu'il faut considérer.
6. **D'humeur** : de caractère.

Harpagon. – Sans dot.

Valère. – Ah ! il n'y a pas de réplique à cela : on le sait bien ; qui diantre peut aller là contre[7] ? Ce n'est pas qu'il n'y ait quantité de pères qui aimeraient mieux ménager la satisfaction[8] de leurs filles que l'argent qu'ils pourraient donner ; qui ne les voudraient point sacrifier à l'intérêt, et chercheraient plus que toute autre chose à mettre dans un mariage cette douce conformité[9] qui sans cesse y maintient l'honneur, la tranquillité et la joie, et que...

Harpagon. – Sans dot.

Valère. – Il est vrai : cela ferme la bouche à tout, *sans dot*. Le moyen de résister à une raison comme celle-là ?

Harpagon. *Il regarde vers le jardin.* – Ouais ! il me semble que j'entends un chien qui aboie. N'est-ce point qu'on en voudrait à mon argent ? Ne bougez, je reviens tout à l'heure.

Élise. – Vous moquez-vous, Valère, de lui parler comme vous faites ?

Valère. – C'est pour ne point l'aigrir[10], et pour en venir mieux à bout. Heurter de front ses sentiments est le moyen de tout gâter ; et il y a de certains esprits qu'il ne faut prendre qu'en biaisant[11], des tempéraments ennemis de toute résistance, des naturels rétifs[12], que la vérité fait cabrer, qui toujours se roidissent[13] contre le droit chemin de la raison, et qu'on ne mène qu'en tournant où l'on veut les conduire. Faites semblant de consentir à ce qu'il veut, vous en viendrez mieux à vos fins[14], et...

7. **Aller là contre** : s'opposer à cela.
8. **Ménager la satisfaction** : tenir compte du bonheur.
9. **Conformité** : entente.
10. **L'aigrir** : le mettre en colère.
11. **En biaisant** : en utilisant des moyens détournés.
12. **Rétifs** : rebelles.
13. **Roidissent** : raidissent.
14. **Vos fins** : votre but.

ÉLISE. – Mais ce mariage, Valère ?

VALÈRE. – On cherchera des biais[1] pour le rompre.

ÉLISE. – Mais quelle invention trouver, s'il se doit conclure ce soir ?

VALÈRE. – Il faut demander un délai, et feindre quelque maladie[2].

ÉLISE. – Mais on découvrira la feinte, si l'on appelle des médecins.

VALÈRE. – Vous moquez-vous ? Y connaissent-ils quelque chose ? Allez, allez, vous pourrez avec eux avoir quel mal il vous plaira, ils vous trouveront des raisons pour vous dire d'où cela vient.

HARPAGON. – Ce n'est rien, Dieu merci.

VALÈRE. – Enfin notre dernier recours[3], c'est que la fuite nous peut mettre à couvert[4] de tout ; et si votre amour, belle Élise, est capable d'une fermeté… *(Il aperçoit Harpagon.)* Oui, il faut qu'une fille obéisse à son père. Il ne faut point qu'elle regarde comme un mari est fait, et lorsque la grande raison de *sans dot* s'y rencontre, elle doit être prête à prendre tout ce qu'on lui donne.

HARPAGON. – Bon. Voilà bien parlé, cela.

VALÈRE. – Monsieur, je vous demande pardon si je m'emporte un peu et prends la hardiesse de lui parler comme je fais.

L'acte d'exposition

La fonction du premier acte (ou acte d'exposition) est de présenter au spectateur les principaux enjeux de la pièce : l'intrigue, les personnages, le lieu, l'époque et la tonalité comique ou tragique.

1. **Biais** : ruses.
2. **Feindre quelque maladie** : faire semblant d'être malade.
3. **Dernier recours** : dernière solution.
4. **À couvert** : à l'abri.

Harpagon. – Comment ? j'en suis ravi, et je veux que tu prennes sur elle un pouvoir absolu. Oui, tu as beau fuir. Je lui donne l'autorité que le Ciel me donne sur toi, et j'entends que tu fasses tout ce qu'il te dira.

Valère. – Après cela, résistez à mes remontrances[5]. Monsieur, je vais la suivre, pour lui continuer les leçons que je lui faisais.

Harpagon. – Oui, tu m'obligeras[6]. Certes…

Valère. – Il est bon de lui tenir un peu la bride haute[7].

Harpagon. – Cela est vrai. Il faut…

Valère. – Ne vous mettez pas en peine. Je crois que j'en viendrai à bout.

Harpagon. – Fais, fais. Je m'en vais faire un petit tour en ville, et reviens tout à l'heure.

Valère. – Oui, l'argent est plus précieux que toutes les choses du monde, et vous devez rendre grâces[8] au Ciel de l'honnête homme de père qu'il vous a donné. Il sait ce que c'est que de vivre. Lorsqu'on s'offre de prendre une fille *sans dot*, on ne doit point regarder plus avant. Tout est renfermé là-dedans, et *sans dot* tient lieu de beauté, de jeunesse, de naissance, d'honneur, de sagesse et de probité[9].

Harpagon. – Ah ! le brave garçon ! Voilà parlé comme un oracle. Heureux qui peut avoir un domestique de la sorte !

5. **Remontrances** : reproches.
6. **Tu m'obligeras** : tu me feras plaisir.
7. **Lui tenir un peu la bride haute** : se faire respecter.
8. **Rendre grâces** : remercier.
9. **Probité** : honnêteté.

Pause lecture 3 ACTE I ◆ scènes 4 et 5

Avez-vous bien lu ?

- Que reproche Harpagon à son fils ?

❑ De s'habiller trop élégamment.
❑ De suivre la mode.
❑ De dépenser trop d'argent pour son habillement.

Au fil du texte

Scène 4

1. Pourquoi Harpagon est-il inquiet au début de la scène ? D'où vient la somme d'argent dont il parle ? Quel est donc le métier d'Harpagon ?
2. L'avarice d'Harpagon empêche-t-elle son fils de faire des dépenses ? Comment Cléante se procure-t-il l'argent ?
3. Pourquoi les projets de Cléante sont-ils compromis ? Sur quel procédé théâtral repose la révélation du nom de la personne qu'Harpagon veut épouser (voir les mots du théâtre, p. 188) ?
4. Sous quel prétexte Cléante sort-il de scène à la scène 4 ? Que révèle Harpagon tout de suite après cette sortie ? A-t-il parlé de ce projet à son fils ?
5. À qui Harpagon destine-t-il sa fille Élise ? Que tente-t-elle de faire à la fin de la scène 4 ? Qui l'emporte ? Pourquoi ?

Scène 5

6. Comment sont construites les répliques de Valère dans cette scène ? À votre avis, pourquoi ?

7 Que ne cesse de répéter Harpagon pour répondre aux arguments de Valère ? Quel est l'effet produit ?

8 Quelles solutions Valère suggère-t-il pour retarder le mariage d'Élise ?

Pour conclure

9 Quels sont les trois projets de mariage dévoilés à la scène 4 ? Montrez que l'avarice d'Harpagon est au cœur de ces trois projets.

Vocabulaire Masculin – féminin

« Je suis très humble **servante.** » (scène 4, l. 170)

« Je suis votre très humble **valet.** » (scène 4, l. 172).

Trouvez le masculin ou l'équivalent masculin des mots féminins suivants :

a. Une serveuse

b. Une impératrice

c. Une compagne

d. Une hôtesse de l'air

Écriture

Après sa discussion avec son père (scène 4), Cléante se rend chez Mariane et lui raconte les projets d'Harpagon. Écrivez le dialogue qui s'engage entre les deux amoureux.

Bilan ACTE I

Retour sur...

I L'action

1. À quelle scène est dévoilé le secret d'Élise ? celui de Cléante ? À quelle scène Harpagon révèle-t-il ses projets pour ses enfants et lui-même ? Pourquoi ces informations sont-elles données progressivement ?
2. Reprenez la définition d'un acte d'exposition, p. 46. Indiquez en quelques mots les informations données dans cet acte sur :

   a. l'intrigue – **b.** les personnages – **c.** le lieu – **d.** l'époque – **e.** la tonalité.

II Les personnages

3. Complétez les phrases suivantes :
   a. Harpagon oblige La Flèche à ....
   b. Harpagon oblige Cléante à ....
   c. Harpagon oblige Élise à ....
   d. Harpagon oblige Valère à ....
4. Qui semble triompher à la fin de l'acte I ? Pour quelles raisons ? À qui Harpagon va-t-il se heurter ?

III Le comique

5. Dans l'acte I, cherchez un exemple de comique :
   – de mots qui naît d'un aparté ;
   – de répétition de mots ;
   – qui naît d'un quiproquo ;
   – de répétition de gestes.
6. Pourquoi la situation de Valère à la fin de l'acte I est-elle à la fois difficile et comique ?

L'Avare, un spectacle du « Grenier de Babouchka », mis en scène par Jean-Philippe Daguerre, avec Antoine Guiraud (Cléante), Grégoire Bourbier (La Flèche), théâtre du Ranelagh, 2018-2019, Paris.

ACTE II

CLÉANTE, LA FLÈCHE

CLÉANTE. – Ah ! traître que tu es, où t'es-tu donc allé fourrer ? Ne t'avais-je pas donné ordre…

LA FLÈCHE. – Oui, Monsieur, et je m'étais rendu ici pour vous attendre de pied ferme ; mais Monsieur votre père, le plus malgracieux[1] des hommes, m'a chassé dehors malgré moi, et j'ai couru risque d'être battu.

CLÉANTE. – Comment va notre affaire ? Les choses pressent[2] plus que jamais ; et depuis que je ne t'ai vu, j'ai découvert que mon père est mon rival.

LA FLÈCHE. – Votre père amoureux ?

CLÉANTE. – Oui ; et j'ai eu toutes les peines du monde à lui cacher le trouble où cette nouvelle m'a mis.

LA FLÈCHE. – Lui se mêler d'aimer ! De quoi diable s'avise-t-il ? Se moque-t-il du monde ? Et l'amour a-t-il été fait pour des gens bien bâtis comme lui ?

CLÉANTE. – Il a fallu, pour mes péchés[3], que cette passion lui soit venue en tête.

LA FLÈCHE. – Mais par quelle raison lui faire un mystère de votre amour ?

CLÉANTE. – Pour lui donner moins de soupçon, et me conserver au besoin des ouvertures plus aisées[4] pour détourner ce mariage. Quelle réponse t'a-t-on faite ?

1. **Malgracieux** : désagréable.
2. **Les choses pressent** : il y a urgence.
3. **Pour mes péchés** : pour mon malheur.
4. **Ouvertures plus aisées** : possibilités d'action plus faciles.

La Flèche. – Ma foi ! Monsieur, ceux qui empruntent sont bien malheureux ; et il faut essuyer[5] d'étranges choses lorsqu'on en est réduit à passer, comme vous, par les mains des fesse-mathieux.

Cléante. – L'affaire ne se fera point ?

La Flèche. – Pardonnez-moi. Notre maître Simon, le courtier[6] qu'on nous a donné, homme agissant[7] et plein de zèle[8], dit qu'il a fait rage[9] pour vous ; et il assure que votre seule physionomie[10] lui a gagné le cœur.

Cléante. – J'aurai les quinze mille francs que je demande ?

La Flèche. – Oui ; mais à quelques petites conditions, qu'il faudra que vous acceptiez, si vous avez dessein[11] que les choses se fassent.

Cléante. – T'a-t-il fait parler à celui qui doit prêter l'argent ?

La Flèche. – Ah ! vraiment, cela ne va pas de la sorte. Il apporte encore plus de soin à se cacher que vous, et ce sont des mystères bien plus grands que vous ne pensez. On ne veut point du tout dire son nom, et l'on doit aujourd'hui l'aboucher avec vous[12], dans une maison empruntée[13], pour être instruit, par votre bouche, de votre bien et de votre famille ; et je ne doute point que le seul nom de votre père ne rende les choses faciles.

Cléante. – Et principalement notre mère étant morte, dont on ne peut m'ôter le bien.

Un fesse-mathieu

C'est un usurier qui prête de l'argent à un taux d'intérêt très élevé. On l'appelle ainsi car il bat symboliquement saint Matthieu, patron des banquiers et ancien usurier avant sa conversion.

5. **Essuyer** : supporter.
6. **Courtier** : intermédiaire.
7. **Agissant** : efficace.
8. **Zèle** : énergie.
9. **Il a fait rage** : il s'est donné du mal.
10. **Physionomie** : figure.
11. **Vous avez dessein** : vous voulez.
12. **L'aboucher avec vous** : vous le faire rencontrer.
13. **Empruntée** : prêtée.

La Flèche. – Voici quelques articles qu'il a dictés lui-même à notre entremetteur[1], pour vous être montrés, avant que de rien faire :

Supposé que le prêteur voie toutes ses sûretés[2]*, et que l'emprunteur soit majeur, et d'une famille où le bien soit ample, solide, assuré, clair, et net de tout embarras*[3]*, on fera une bonne et exacte obligation*[4] *par-devant un notaire, le plus honnête homme qu'il se pourra, et qui, pour cet effet, sera choisi par le prêteur, auquel il importe le plus que l'acte soit dûment dressé*[5].

Cléante. – Il n'y a rien à dire à cela.

La Flèche. – Le prêteur, pour ne charger sa conscience d'aucun scrupule, prétend ne donner son argent qu'au denier dix-huit.

Cléante. – Au denier dix-huit ? Parbleu ! voilà qui est honnête. Il n'y a pas lieu de se plaindre.

La Flèche. – Cela est vrai.

Mais comme ledit prêteur n'a pas chez lui la somme dont il est question, et que pour faire plaisir à l'emprunteur, il est contraint[6] *lui-même de l'emprunter d'un autre, sur le pied du denier cinq*[7]*, il conviendra que ledit premier emprunteur paye cet intérêt, sans préjudice du reste*[8]*, attendu que ce n'est que pour l'obliger*[9] *que ledit prêteur s'engage à cet emprunt.*

Cléante. – Comment diable ! quel Juif, quel Arabe[10] est-ce là ? C'est plus qu'au denier quatre.

La Flèche. – Il est vrai ; c'est ce que j'ai dit. Vous avez à voir là-dessus[11].

1. **Entremetteur** : intermédiaire.
2. **Le prêteur voie toutes ses sûretés** : le prêteur reçoive toutes les assurances nécessaires.
3. **Embarras** : problème.
4. **Obligation** : contrat.
5. **Dûment dressé** : fait en toute légalité.
6. **Contraint** : obligé.
7. **Sur le pied du denier cinq** : à 20 % d'intérêt, ce qui est beaucoup.
8. **Sans préjudice du reste** : en y ajoutant les autres intérêts.
9. **L'obliger** : lui rendre service.
10. Ces deux termes reflètent les préjugés de l'époque, ils sont employés comme insultes ici.
11. **Vous avez à voir là-dessus** : vous avez votre mot à dire.

CLÉANTE. – Que veux-tu que je voie ? J'ai besoin d'argent ; et il faut bien que je consente à tout.

LA FLÈCHE. – C'est la réponse que j'ai faite.

CLÉANTE. – Il y a encore quelque chose ?

LA FLÈCHE. – Ce n'est plus qu'un petit article.

Des quinze mille francs qu'on demande, le prêteur ne pourra compter en argent que douze mille livres, et pour les mille écus restants, il faudra que l'emprunteur prenne les hardes, nippes[12]*, et bijoux dont s'ensuit le mémoire*[13]*, et que ledit prêteur a mis, de bonne foi, au plus modique prix qu'il lui a été possible.*

CLÉANTE. – Que veut dire cela ?

LA FLÈCHE. – Écoutez le mémoire.

Premièrement, un lit de quatre pieds, à bandes de points de Hongrie, appliquées fort proprement sur un drap de couleur d'olive, avec six chaises et la courtepointe[14] *de même ; le tout bien conditionné*[15]*, et doublé d'un petit taffetas changeant rouge et bleu.*

Plus, un pavillon[16] *à queue, d'une bonne serge d'Aumale rose-sèche, avec le mollet*[17] *et les franges de soie.*

CLÉANTE. – Que veut-il que je fasse de cela ?

LA FLÈCHE. – Attendez.

Plus, une tenture de tapisserie des amours de Gombaut et de Macée[18]*.*

Emprunter de l'argent

L'argent est emprunté à un prêteur (ici un usurier) qui demande des intérêts. Le denier dix-huit signifie que pour dix-huit deniers empruntés, il faut en rendre dix-neuf ; l'intérêt est faible (5,5 %). Le prêteur veut ajouter à l'intérêt celui de l'argent qu'il emprunte lui-même : 20 %. Cléante est donc obligé de payer un intérêt de 25,5 %, soit plus que le denier quatre qui équivaut à 25 %. Ce taux est exorbitant.

12. **Hardes, nippes** : vieux vêtements.
13. **S'ensuit le mémoire** : suit la liste.
14. **Courtepointe** : couverture.
15. **Bien conditionné** : en bon état.
16. **Pavillon** : rideaux pour le lit.
17. **Mollet** : bordure.
18. **Tapisserie des amours de Gombaut et de Macée** : tenture représentant une scène champêtre.

Plus, une grande table de bois de noyer, à douze colonnes ou piliers tournés, qui se tire par les deux bouts, et garnie par le dessous de ses six escabelles[1].

CLÉANTE. – Qu'ai-je affaire, morbleu… ?

LA FLÈCHE. – Donnez-vous patience.

Plus, trois gros mousquets[2] *tout garnis de nacre de perles, avec les trois fourchettes assortissantes*[3].

Plus, un fourneau de brique, avec deux cornues, et trois récipients, fort utiles à ceux qui sont curieux de distiller.

CLÉANTE. – J'enrage.

LA FLÈCHE. – Doucement.

Plus, un luth[4] *de Bologne, garni de toutes ses cordes, ou peu s'en faut*[5].

Plus, un trou-madame[6], *et un damier, avec un jeu de l'oie renouvelé des Grecs, fort propres à passer le temps lorsque l'on n'a que faire.*

Plus, une peau de lézard, de trois pieds et demi, remplie de foin, curiosité agréable pour pendre au plancher d'une chambre.

Le tout, ci-dessus mentionné, valant loyalement plus de quatre mille cinq cents livres, et rabaissé à la valeur de mille écus, par la discrétion[7] *du prêteur.*

CLÉANTE. – Que la peste l'étouffe avec sa discrétion, le traître, le bourreau qu'il est ! A-t-on jamais parlé d'une usure[8] semblable ? Et n'est-il pas content du furieux intérêt qu'il exige,

1. **Escabelles** : tabourets.
2. **Mousquets** : fusils.
3. **Assortissantes** : assorties.
4. **Luth** : instrument de musique.
5. **Ou peu s'en faut** : ou presque.
6. **Trou-madame** : billard.
7. **Discrétion** : décision.
8. **Usure** : taux d'intérêt excessif.

sans vouloir encore m'obliger à prendre, pour trois mille livres, les vieux rogatons[9] qu'il ramasse ? Je n'aurai pas deux cents écus de tout cela ; et cependant il faut bien me résoudre à consentir à ce qu'il veut, car il est en état de me faire tout accepter, et il me tient, le scélérat, le poignard sur la gorge.

LA FLÈCHE. – Je vous vois, Monsieur, ne vous en déplaise, dans le grand chemin justement que tenait Panurge pour se ruiner, prenant argent d'avance, achetant cher, vendant à bon marché, et mangeant son blé en herbe.

CLÉANTE. – Que veux-tu que j'y fasse ? Voilà où les jeunes gens sont réduits par la maudite avarice des pères ; et on s'étonne après cela que les fils souhaitent qu'ils meurent.

LA FLÈCHE. – Il faut avouer que le vôtre animerait contre sa vilanie[10] le plus posé homme du monde. Je n'ai pas, Dieu merci, les inclinations fort patibulaires[11] ; et parmi mes confrères que je vois se mêler de beaucoup de petits commerces, je sais tirer adroitement mon épingle du jeu[12], et me démêler prudemment de toutes les galanteries qui sentent tant soit peu l'échelle[13] ; mais, à vous dire vrai, il me donnerait, par ses procédés, des tentations de le voler ; et je croirais, en le volant, faire une action méritoire[14].

CLÉANTE. – Donne-moi un peu ce mémoire, que je le voie encore.

Panurge

Personnage de Rabelais (1483-1553) qui mange son blé en herbe, c'est-à-dire dépense son argent avant de l'avoir gagné (*Tiers Livre*, ch. II).

9. **Les vieux rogatons** : les vieilles bricoles.
10. **Sa vilanie** : son avarice.
11. **Je n'ai pas, Dieu merci, les inclinations fort patibulaires** : je n'ai pas, Dieu merci, envie d'être pendu.
12. **Tirer adroitement mon épingle du jeu** : m'en sortir habilement.
13. **Galanteries qui sentent tant soit peu l'échelle** : ruses qui mènent à la pendaison.
14. **Action méritoire** : bonne action.

Pause lecture 4 ACTE II ◆ scène 1

Avez-vous bien lu ?

- Pourquoi le taux d'intérêt demandé par le prêteur est-il très élevé ?

❑ La somme est très importante.
❑ Le prêteur n'est pas sûr d'être remboursé.
❑ Le prêteur doit lui-même emprunter une partie de la somme demandée.

Au fil du texte

Scène 1

1. Pour quelle raison Cléante doit-il emprunter de l'argent (relisez la scène 2 de l'acte I) ? Quelle somme veut-il ?
2. Quelles précautions prend le prêteur pour ne pas être connu avant la signature du contrat ?
3. Pourquoi Cléante est-il déçu par les conditions du prêt qu'on lui fait ? Va-t-il recevoir toute la somme en argent ?
4. **Zoom sur les lignes 107 à 125**
   a. Que précise le prêteur pour chaque objet ?
   b. Donnez quelques caractéristiques communes à tous les objets cités.
   c. Quel est l'effet de cette énumération sur Cléante ? et sur le spectateur ?
5. À la fin de la scène, quel souhait formule Cléante ? Quel est celui de La Flèche ?

Pour conclure

6 Quelle est la différence entre un prêteur et un usurier ? Lequel de ces termes est péjoratif ? Montrez que Cléante a affaire à un usurier.

7 De quoi se doute le spectateur en écoutant le contrat de la personne mystérieuse qui accepte de prêter de l'argent à Cléante ?

Vocabulaire

Complétez les phrases suivantes avec le mot qui convient : *prêteur, contrat, emprunter, taux d'intérêt, prêt, usurier.*

Cléante veut . . . . de l'argent. En écoutant le . . . . lu par La Flèche, le fils d'Harpagon comprend qu'il va devoir payer un . . . . exorbitant. En plus, il doit accepter des objets hétéroclites pour compléter le . . . . Il est très en colère car il se rend compte qu'il n'a pas affaire à un . . . . mais à un . . . .

Écriture

Imaginez qu'un(e) de vos ami(e)s veuille vous emprunter un objet auquel vous tenez particulièrement. Vous posez alors quelques conditions. Racontez la scène.

Scène 2

MAÎTRE SIMON, HARPAGON,
CLÉANTE, LA FLÈCHE

MAÎTRE SIMON. – Oui, Monsieur, c'est un jeune homme qui a besoin d'argent. Ses affaires le pressent d'en trouver, et il en passera par tout ce que vous en prescrirez[1].

HARPAGON. – Mais croyez-vous, maître Simon, qu'il n'y ait rien à péricliter[2] ? et savez-vous le nom, les biens et la famille de celui pour qui vous parlez ?

MAÎTRE SIMON. – Non, je ne puis pas bien vous en instruire à fond, et ce n'est que par aventure[3] que l'on m'a adressé à lui ; mais vous serez de toutes choses éclairci par lui-même ; et son homme m'a assuré que vous serez content, quand vous le connaîtrez. Tout ce que je saurais vous dire, c'est que sa famille est fort riche, qu'il n'a plus de mère déjà, et qu'il s'obligera[4], si vous voulez, que son père mourra avant qu'il soit huit mois.

HARPAGON. – C'est quelque chose que cela. La charité, maître Simon, nous oblige à faire plaisir aux personnes, lorsque nous le pouvons.

MAÎTRE SIMON. – Cela s'entend.

LA FLÈCHE. – Que veut dire ceci ? Notre maître Simon qui parle à votre père.

CLÉANTE. – Lui aurait-on appris qui je suis ? et serais-tu pour nous trahir[5] ?

1. **Il en passera par tout ce que vous en prescrirez** : il acceptera tout ce que vous demanderez.
2. **Péricliter** : craindre.
3. **Par aventure** : par hasard.
4. **S'obligera** : fera en sorte.
5. **Serais-tu pour nous trahir ?** : nous trahirais-tu ?

MAÎTRE SIMON. – Ah ! ah ! vous êtes bien pressés ! Qui vous a dit que c'était céans[6] ? Ce n'est pas moi, Monsieur, au moins, qui leur ai découvert votre nom et votre logis ; mais, à mon avis, il n'y a pas grand mal à cela. Ce sont des personnes discrètes, et vous pouvez ici vous expliquer ensemble.

HARPAGON. – Comment ?

MAÎTRE SIMON. – Monsieur est la personne qui veut vous emprunter les quinze mille livres dont je vous ai parlé.

HARPAGON. – Comment, pendard[7] ? c'est toi qui t'abandonnes à ces coupables extrémités ?

CLÉANTE. – Comment, mon père ? c'est vous qui vous portez à ces honteuses actions ?

HARPAGON. – C'est toi qui te veux ruiner par des emprunts si condamnables ?

CLÉANTE. – C'est vous qui cherchez à vous enrichir par des usures si criminelles ?

HARPAGON. – Oses-tu bien, après cela, paraître devant moi !

CLÉANTE. – Osez-vous bien, après cela, vous présenter aux yeux du monde ?

HARPAGON. – N'as-tu point de honte, dis-moi, d'en venir à ces débauches-là[8] ? de te précipiter dans des dépenses effroyables ? et de faire une honteuse dissipation[9] du bien que tes parents t'ont amassé avec tant de sueurs ?

6. **Céans** : ici.
7. **Pendard** : coquin.
8. **Ces débauches-là** : cette mauvaise conduite-là.
9. **Dissipation** : dépense.

CLÉANTE. – Ne rougissez-vous point de déshonorer votre condition par les commerces que vous faites ? de sacrifier gloire[1] et réputation au désir insatiable[2] d'entasser écu sur écu, et de renchérir[3], en fait d'intérêts, sur les plus infâmes subtilités qu'aient jamais inventées les plus célèbres usuriers ?

HARPAGON. – Ôte-toi de mes yeux, coquin ! ôte-toi de mes yeux !

CLÉANTE. – Qui est plus criminel, à votre avis, ou celui qui achète un argent dont il a besoin, ou bien celui qui vole un argent dont il n'a que faire ?

HARPAGON. – Retire-toi, te dis-je, et ne m'échauffe pas les oreilles. Je ne suis pas fâché de cette aventure ; et ce m'est un avis[4] de tenir l'œil, plus que jamais, sur toutes ses actions.

1. **Gloire** : honneur.
2. **Insatiable** : sans fin.
3. **Renchérir** : augmenter.
4. **Ce m'est un avis** : c'est une bonne raison.

Pause lecture 5

Avez-vous bien lu ?

- À la fin de la scène, que ressent Harpagon ?

❑ De la satisfaction.
❑ De la gêne vis-à-vis de son fils.
❑ Des remords.

Au fil du texte

1. Au début de la scène, la conversation entre maître Simon et Harpagon est-elle entendue par Cléante et La Flèche ? Imaginez le jeu de scène.

2. Quels détails maître Simon donne-t-il à Harpagon sur l'emprunteur ? Que promet l'emprunteur pour avoir l'argent ? Expliquez le comique de situation.

3. **Zoom sur les lignes 32 à 60**

a. Montrez que les répliques du père et du fils vont deux par deux. Relevez les points communs des phrases qu'ils prononcent.

b. Quel est le type de phrase qui domine ? En quoi cela souligne-t-il le manque de communication entre le père et le fils ?

c. Dans les deux dernières répliques, que demande Harpagon à son fils ? Que prouve cette attitude ?

4. Quels sont les arguments de Cléante ? Quels sont ceux d'Harpagon ?

Pour conclure

5. Le spectateur s'attendait-il au coup de théâtre du début de la scène ? Quels éléments vous permettent de répondre ?
6. Relisez la dernière réplique de Cléante et montrez qu'elle résume la situation des deux interlocuteurs.
7. Quel est l'intérêt de cette scène pour l'intrigue générale de la pièce ? Cette scène est-elle comique ? Pourquoi ?

Vocabulaire

L'argent apparaît dans de nombreux proverbes. Reliez chaque proverbe à son sens.

Proverbe

1. L'argent ne fait pas le bonheur. •
2. Jeter l'argent par les fenêtres. •
3. L'argent n'a pas d'odeur. •
4. Le temps, c'est de l'argent. •

Sens

- • **a.** Trop dépenser.
- • **b.** Le temps bien employé permet de gagner de l'argent.
- • **c.** La richesse ne suffit pas à rendre quelqu'un heureux.
- • **d.** Tout argent est bon à prendre, quelle que soit son origine.

Écriture

Jean-Jacques Rousseau jugeait très sévèrement *L'Avare*. Voici ce qu'il a écrit :
« C'est un grand vice d'être avare et de prêter à usure, mais n'en est-ce pas un plus grand encore à un fils de voler son père, de lui manquer de respect, de lui faire mille insultants reproches ? » (*Lettre à d'Alembert sur les spectacles*, 1758)
Que pensez-vous de cette réaction ? L'attitude de Cléante vous paraît-elle justifiée ?

Scène 3

FROSINE, HARPAGON

FROSINE. – Monsieur…

HARPAGON. – Attendez un moment ; je vais revenir vous parler. Il est à propos[1] que je fasse un petit tour à mon argent.

Scène 4

LA FLÈCHE, FROSINE

LA FLÈCHE. – L'aventure est tout à fait drôle. Il faut bien qu'il ait quelque part un ample magasin de hardes[2] ; car nous n'avons rien reconnu au mémoire que nous avons.

FROSINE. – Hé ! c'est toi, mon pauvre La Flèche ? D'où vient cette rencontre ?

LA FLÈCHE. – Ah ! ah ! c'est toi, Frosine. Que viens-tu faire ici ?

FROSINE. – Ce que je fais partout ailleurs : m'entremettre[3] d'affaires, me rendre serviable aux gens, et profiter du mieux qu'il m'est possible des petits talents que je puis avoir. Tu sais que dans ce monde il faut vivre d'adresse, et qu'aux personnes comme moi le Ciel n'a donné d'autres rentes[4] que l'intrigue et que l'industrie[5].

LA FLÈCHE. – As-tu quelque négoce[6] avec le patron du logis ?

1. **Il est à propos** : il convient.
2. **Hardes** : vêtements usagés.
3. **M'entremettre** : servir d'intermédiaire.
4. **Rentes** : revenus.
5. **Industrie** : ruse.
6. **Négoce** : affaire.

Frosine. – Oui, je traite pour lui quelque petite affaire, dont j'espère une récompense.

La Flèche. – De lui ? Ah, ma foi ! tu seras bien fine si tu en tires quelque chose ; et je te donne avis que l'argent céans est fort cher.

Frosine. – Il y a de certains services qui touchent merveilleusement.

La Flèche. – Je suis votre valet[1], et tu ne connais pas encore le seigneur Harpagon. Le seigneur Harpagon est de tous les humains l'humain le moins humain, le mortel de tous les mortels le plus dur et le plus serré[2]. Il n'est point de service qui pousse sa reconnaissance jusqu'à lui faire ouvrir les mains. De la louange, de l'estime, de la bienveillance en paroles et de l'amitié tant qu'il vous plaira ; mais de l'argent, point d'affaires. Il n'est rien de plus sec et de plus aride que ses bonnes grâces[3] et ses caresses ; et donner est un mot pour qui il a tant d'aversion[4], qu'il ne dit jamais : *Je vous donne*, mais : *Je vous prête le bonjour.*

Frosine. – Mon Dieu ! je sais l'art de traire[5] les hommes, j'ai le secret de m'ouvrir leur tendresse, de chatouiller leurs cœurs, de trouver les endroits par où ils sont sensibles.

La Flèche. – Bagatelles[6] ici. Je te défie d'attendrir, du côté de l'argent, l'homme dont il est question. Il est turc[7] là-dessus, mais d'une turquerie à désespérer tout le monde ; et l'on pourrait crever, qu'il n'en branlerait pas[8]. En un mot, il aime l'argent, plus que réputation, qu'honneur et que vertu ; et la vue d'un demandeur lui donne des convul-

1. **Je suis votre valet** : je suis d'accord.
2. **Serré** : avare.
3. **Bonnes grâces** : amabilités.
4. **Aversion** : haine.
5. **Traire** : ici, soutirer de l'argent, comme le lait d'une vache.
6. **Bagatelles** : aucune importance.
7. Encore un terme qui reflète les préjugés de l'époque (voir note 10, p. 54).
8. **N'en branlerait pas** : ne bougerait pas.

sions. C'est le frapper par son endroit mortel, c'est lui percer le cœur, c'est lui arracher les entrailles ; et si... Mais il revient ; je me retire.

Scène 5

HARPAGON, FROSINE

HARPAGON. – Tout va comme il faut. Hé bien ! qu'est-ce, Frosine ?

FROSINE. – Ah ! mon Dieu ! que vous vous portez bien ! et que vous avez là un vrai visage de santé !

HARPAGON. – Qui, moi ?

FROSINE. – Jamais je ne vous vis un teint si frais et si gaillard[9].

HARPAGON. – Tout de bon[10] ?

FROSINE. – Comment ? vous n'avez de votre vie été si jeune que vous êtes ; et je vois des gens de vingt-cinq ans qui sont plus vieux que vous.

HARPAGON. – Cependant, Frosine, j'en ai soixante bien comptés.

FROSINE. – Hé bien ! qu'est-ce que cela, soixante ans ? Voilà bien de quoi[11] ! C'est la fleur de l'âge cela, et vous entrez maintenant dans la belle saison de l'homme.

HARPAGON. – Il est vrai ; mais vingt années de moins pourtant ne me feraient point de mal, que je crois.

9. **Gaillard** : qui respire la santé.
10. **Tout de bon ?** : vraiment ?
11. **Voilà bien de quoi** : voilà bien de quoi s'inquiéter (ironique).

FROSINE. – Vous moquez-vous ? Vous n'avez pas besoin de cela, et vous êtes d'une pâte à vivre jusques à cent ans.

HARPAGON. – Tu le crois !

FROSINE. – Assurément. Vous en avez toutes les marques. Tenez-vous un peu. Oh ! que voilà bien là, entre vos deux yeux, un signe de longue vie !

HARPAGON. – Tu te connais à cela ?

FROSINE. – Sans doute[1]. Montrez-moi votre main. Ah ! mon Dieu ! quelle ligne de vie !

HARPAGON. – Comment ?

FROSINE. – Ne voyez-vous pas jusqu'où va cette ligne-là ?

HARPAGON. – Hé bien ! qu'est-ce que cela veut dire ?

FROSINE. – Par ma foi ! je disais cent ans ; mais vous passerez les six-vingts[2].

HARPAGON. – Est-il possible ?

FROSINE. – Il faudra vous assommer, vous dis-je ; et vous mettrez en terre et vos enfants, et les enfants de vos enfants.

HARPAGON. – Tant mieux. Comment va notre affaire ?

FROSINE. – Faut-il le demander ? et me voit-on mêler de rien dont je ne vienne à bout ? J'ai surtout pour les mariages un talent merveilleux ; il n'est point de partis[3] au monde que je ne trouve en peu de temps le moyen d'accoupler ; et je crois, si je me l'étais mis en tête, que je marierais le Grand Turc avec la République de Venise[4]. Il n'y avait pas sans

1. **Sans doute** : certainement.
2. **Six-vingts** : cent vingt ans.
3. **Partis** : personnes à marier.
4. Deux États en guerre à cette époque.

doute de si grandes difficultés à cette affaire-ci. Comme j'ai commerce[5] chez elles, je les ai à fond l'une et l'autre entretenues de vous, et j'ai dit à la mère le dessein[6] que vous aviez conçu pour Mariane, à la voir passer dans la rue, et prendre l'air à sa fenêtre.

HARPAGON. – Qui a fait réponse…

FROSINE. – Elle a reçu la proposition avec joie ; et quand je lui ai témoigné que vous souhaitiez fort que sa fille assistât ce soir au contrat de mariage qui se doit faire de la vôtre, elle y a consenti sans peine, et me l'a confiée pour cela.

HARPAGON. – C'est que je suis obligé, Frosine, de donner à souper au seigneur Anselme ; et je serais bien aise qu'elle soit du régal[7].

FROSINE. – Vous avez raison. Elle doit après dîner rendre visite à votre fille, d'où elle fait son compte[8] d'aller faire un tour à la foire[9], pour venir ensuite au souper.

HARPAGON. – Hé bien ! elles iront ensemble dans mon carrosse, que je leur prêterai.

FROSINE. – Voilà justement son affaire[10].

HARPAGON. – Mais, Frosine, as-tu entretenu[11] la mère touchant le bien qu'elle peut donner à sa fille ? Lui as-tu dit qu'il fallait qu'elle s'aidât un peu, qu'elle fît quelque effort, qu'elle se saignât pour une occasion comme celle-ci ? Car encore n'épouse-t-on point une fille, sans qu'elle apporte quelque chose.

5. **Commerce** : mes entrées.
6. **Dessein** : projet.
7. **Régal** : fête.
8. **Elle fait son compte** : elle a l'intention.
9. **Foire** : lieu d'attractions (théâtre, danse, ménagerie).
10. **Son affaire** : ce qui lui convient.
11. **Entretenu** : parlé.

FROSINE. – Comment ? c'est une fille qui vous apportera douze mille livres de rente.

HARPAGON. – Douze mille livres de rente !

FROSINE. – Oui. Premièrement, elle est nourrie et élevée dans une grande épargne de bouche[1] ; c'est une fille accoutumée[2] à vivre de salade, de lait, de fromage et de pommes, et à laquelle par conséquent il ne faudra ni table bien servie, ni consommés[3] exquis, ni orges mondés[4] perpétuels, ni les autres délicatesses qu'il faudrait pour une autre femme ; et cela ne va pas à si peu de chose, qu'il ne monte bien, tous les ans, à trois mille francs pour le moins. Outre[5] cela, elle n'est curieuse que d'une propreté[6] fort simple, et n'aime point les superbes habits, ni les riches bijoux, ni les meubles somptueux, où donnent ses pareilles[7] avec tant de chaleur[8] ; et cet article-là vaut plus de quatre mille livres par an. De plus, elle a une aversion[9] horrible pour le jeu, ce qui n'est pas commun aux femmes d'aujourd'hui ; et j'en sais une de nos quartiers qui a perdu, à trente-et-quarante[10], vingt mille francs cette année. Mais n'en prenons rien que le quart. Cinq mille francs au jeu par an, et quatre mille francs en habits et bijoux, cela fait neuf mille livres ; et mille écus que nous mettons pour la nourriture, ne voilà-t-il pas par année vos douze mille francs bien comptés ?

HARPAGON. – Oui, cela n'est pas mal ; mais ce compte-là n'est rien de réel.

FROSINE. – Pardonnez-moi. N'est-ce pas quelque chose de réel, que de vous apporter en mariage une grande sobriété,

1. **Épargne de bouche** : économie de nourriture.
2. **Accoutumée** : habituée.
3. **Consommés** : potages.
4. **Orges mondés** : potion à base d'orge pour avoir le teint frais.
5. **Outre** : en plus de.
6. **Propreté** : élégance.
7. **Ses pareilles** : les autres femmes.
8. **Chaleur** : passion.
9. **Aversion** : dégoût.
10. **Trente-et-quarante** : jeu d'argent.

l'héritage d'un grand amour de simplicité de parure, et l'acquisition d'un grand fonds de haine pour le jeu ?

HARPAGON. – C'est une raillerie[11], que de vouloir me constituer son dot de toutes les dépenses qu'elle ne fera point. Je n'irai pas donner quittance[12] de ce que je ne reçois pas ; et il faut bien que je touche quelque chose.

FROSINE. – Mon Dieu ! vous toucherez assez ; et elles m'ont parlé d'un certain pays où elles ont du bien dont vous serez le maître.

HARPAGON. – Il faudra voir cela. Mais, Frosine, il y a encore une chose qui m'inquiète. La fille est jeune, comme tu vois ; et les jeunes gens d'ordinaire n'aiment que leurs semblables, ne cherchent que leur compagnie. J'ai peur qu'un homme de mon âge ne soit pas de son goût ; et que cela ne vienne à produire chez moi certains petits désordres qui ne m'accommoderaient pas[13].

FROSINE. – Ah ! que vous la connaissez mal ! C'est encore une particularité que j'avais à vous dire. Elle a une aversion épouvantable pour tous les jeunes gens, et n'a de l'amour que pour les vieillards.

HARPAGON. – Elle ?

FROSINE. – Oui, elle. Je voudrais que vous l'eussiez entendu parler là-dessus. Elle ne peut souffrir du tout la vue d'un jeune homme ; mais elle n'est point plus ravie, dit-elle, que lorsqu'elle peut voir un beau vieillard avec une barbe majestueuse. Les plus vieux sont pour elle les plus charmants, et je vous avertis de n'aller pas vous faire plus jeune

11. **Raillerie** : moquerie.
12. **Quittance** : reçu pour une rentrée d'argent.
13. **Qui ne m'accommoderaient pas** : qui ne me plairaient pas.

que vous êtes. Elle veut tout au moins qu'on soit sexagénaire[1] ; et il n'y a pas quatre mois encore, qu'étant prête d'être mariée, elle rompit tout net le mariage, sur ce que[2] son amant fit voir qu'il n'avait que cinquante-six ans, et qu'il ne prit point de lunettes[3] pour signer le contrat.

HARPAGON. – Sur cela seulement ?

FROSINE. – Oui. Elle dit que ce n'est pas contentement pour elle que cinquante-six ans ; et surtout, elle est pour les nez qui portent des lunettes.

HARPAGON. – Certes, tu me dis là une chose toute nouvelle.

FROSINE. – Cela va plus loin qu'on ne vous peut dire. On lui voit dans sa chambre quelques tableaux et quelques estampes ; mais que pensez-vous que ce soit ? Des Adonis ? des Céphales ? des Pâris ? et des Apollons ? Non : de beaux portraits de Saturne, du roi Priam, du vieux Nestor, et du bon père Anchise sur les épaules de son fils.

HARPAGON. – Cela est admirable ! Voilà ce que je n'aurais jamais pensé ; et je suis bien aise[4] d'apprendre qu'elle est de cette humeur[5]. En effet, si j'avais été femme, je n'aurais point aimé les jeunes hommes.

FROSINE. – Je le crois bien. Voilà de belles drogues que des jeunes gens, pour les aimer ! Ce sont de beaux morveux, de beaux godelureaux[6], pour donner envie de leur peau ; et je voudrais bien savoir quel ragoût[7] il y a à eux.

HARPAGON. – Pour moi, je n'y en comprends point ; et je ne sais pas comment il y a des femmes qui les aiment tant.

Jeunes et vieux célèbres

Frosine évoque les plus beaux jeunes gens de la mythologie : Adonis, dieu du Printemps et amant de Vénus ; Céphale, l'amant de l'Aurore ; Pâris, qui a séduit Hélène ; Apollon, le plus beau des dieux. Frosine leur oppose des vieillards : Saturne, père de Jupiter ; Priam, vieux roi de Troie ; Nestor, respecté pour son grand âge ; Anchise, père d'Énée, tellement accablé par les ans que son fils a dû le porter sur ses épaules pour fuir Troie.

1. **Sexagénaire** : personne qui a entre 60 et 69 ans.
2. **Sur ce que** : parce que.
3. Porter des lunettes était à l'époque de Molière un signe de très grande vieillesse.
4. **Aise** : content.
5. **Humeur** : caractère.
6. **Godelureaux** : fanfarons.
7. **Ragoût** : plaisir.

Frosine. – Il faut être folle fieffée[8]. Trouver la jeunesse aimable ! est-ce avoir le sens commun ? Sont-ce des hommes que de jeunes blondins[9] ? et peut-on s'attacher à ces animaux-là ?

Harpagon. – C'est ce que je dis tous les jours : avec leur ton de poule laitée[10], et leurs trois petits brins de barbe relevés en barbe de chat, leurs perruques d'étoupes[11], leurs hauts-de-chausses tout tombants, et leurs estomacs débraillés[12].

Frosine. – Eh ! cela est bien bâti, auprès d'une personne comme vous. Voilà un homme cela. Il y a là de quoi satisfaire à la vue ; et c'est ainsi qu'il faut être fait, et vêtu, pour donner de l'amour.

Harpagon. – Tu me trouves bien ?

Frosine. – Comment ? vous êtes à ravir, et votre figure est à peindre. Tournez-vous un peu, s'il vous plaît. Il ne se peut pas mieux. Que je vous voie marcher. Voilà un corps taillé[13], libre, et dégagé comme il faut, et qui ne marque aucune incommodité[14].

Harpagon. – Je n'en ai pas de grandes, Dieu merci. Il n'y a que ma fluxion[15], qui me prend de temps en temps.

Frosine. – Cela n'est rien. Votre fluxion ne vous sied[16] point mal, et vous avez grâce à tousser[17].

Harpagon. – Dis-moi un peu : Mariane ne m'a-t-elle point encore vu ? N'a-t-elle point pris garde à moi en passant ?

Frosine. – Non ; mais nous nous sommes fort entretenues de vous. Je lui ai fait un portrait de votre personne ; et je n'ai

Le barbon

On appelle « barbon » (du mot *barbe*) un personnage comique de vieillard qui cherche à épouser malgré elle une jeune fille. Ce type de personnage est issu de la comédie italienne ou *commedia dell'arte*, où il portait les noms de « Pantalon », un vieux séducteur ridicule, et de « Docteur », un faux savant qui se croit supérieur à tout le monde.

8. **Folle fieffée** : complètement folle.
9. **Blondins** : hommes coquets et vaniteux.
10. **Laitée** : mouillée.
11. **D'étoupes** : aussi grossières que de la corde.
12. **Estomacs débraillés** : tenues volontairement négligées, à la mode.
13. **Taillé** : bien bâti.
14. **Incommodité** : infirmité.
15. **Fluxion** : toux.
16. **Sied** : va.
17. **Vous avez grâce à tousser** : vous toussez avec élégance.

pas manqué de lui vanter votre mérite, et l'avantage que ce lui serait d'avoir un mari comme vous.

HARPAGON. – Tu as bien fait, et je t'en remercie.

FROSINE. – J'aurais, Monsieur, une petite prière à vous faire. *(Il prend un air sévère.)* J'ai un procès que je suis sur le point de perdre, faute d'un peu d'argent ; et vous pourriez facilement me procurer le gain[1] de ce procès, si vous aviez quelque bonté pour moi. Vous ne sauriez croire le plaisir qu'elle aura de vous voir. *(Il reprend un air gai.)* Ah ! que vous lui plairez ! et que votre fraise à l'antique[2] fera sur son esprit un effet admirable ! Mais surtout elle sera charmée de votre haut-de-chausses, attaché au pourpoint avec des aiguillettes[3] ; c'est pour la rendre folle de vous ; et un amant aiguilletté sera pour elle un ragoût[4] merveilleux.

HARPAGON. – Certes, tu me ravis de me dire cela.

FROSINE. – En vérité, Monsieur, ce procès m'est d'une conséquence tout à fait grande. *(Il reprend son visage sévère.)* Je suis ruinée, si je le perds ; et quelque petite assistance me rétablirait mes affaires. Je voudrais que vous eussiez vu le ravissement où elle était à m'entendre parler de vous. *(Il reprend un air gai.)* La joie éclatait dans ses yeux, au récit de vos qualités ; et je l'ai mise enfin dans une impatience extrême de voir ce mariage entièrement conclu.

HARPAGON. – Tu m'as fait un grand plaisir, Frosine ; et je t'en ai, je te l'avoue, toutes les obligations[5] du monde.

FROSINE. – Je vous prie, Monsieur, de me donner le petit secours que je vous demande. *(Il reprend son air sérieux.)*

1. **Gain** : victoire.
2. **Fraise à l'antique** : grand col blanc rond, déjà démodé à l'époque.
3. **Aiguillettes** : rubans.
4. **Ragoût** : attirance.
5. **Les obligations** : la reconnaissance.

Cela me remettra sur pied, et je vous en serai éternellement obligée.

HARPAGON. – Adieu. Je vais achever mes dépêches[6].

FROSINE. – Je vous assure, Monsieur, que vous ne sauriez jamais me soulager dans un plus grand besoin.

HARPAGON. – Je mettrai ordre que mon carrosse soit tout prêt pour vous mener à la foire.

FROSINE. – Je ne vous importunerais[7] pas, si je ne m'y voyais forcée par la nécessité[8].

HARPAGON. – Et j'aurai soin qu'on soupe de bonne heure, pour ne vous point faire malades.

FROSINE. – Ne me refusez pas la grâce dont je vous sollicite. Vous ne sauriez croire, Monsieur, le plaisir que…

HARPAGON. – Je m'en vais. Voilà qu'on m'appelle. Jusqu'à tantôt[9].

FROSINE. – Que la fièvre te serre, chien de vilain à tous les diables ! Le ladre[10] a été ferme à toutes mes attaques ; mais il ne me faut pas pourtant quitter la négociation ; et j'ai l'autre côté, en tout cas, d'où je suis assurée de tirer bonne récompense.

6. **Dépêches** : lettres.
7. **Importunerais** : dérangerais.
8. **Nécessité** : pauvreté.
9. **Tantôt** : tout à l'heure.
10. **Ladre** : avare.

L'Avare, de Molière, mise en scène de Catherine Hiegel avec Denis Podalydès (Harpagon), Stéphane Varupenne (Valère), Suliane Brahim (Élise), Comédie Française, 2009.

Pause lecture 6

Avez-vous bien lu ?

- Quelle est la réaction de Frosine aux avertissements de La Flèche ?

❑ Elle est découragée.
❑ Elle est en colère.
❑ Elle est sûre d'elle.

Au fil du texte

Scènes 3 et 4

1. De quelle mission Harpagon a-t-il chargé Frosine ? Qu'espère-t-elle obtenir d'Harpagon en récompense de ses services ?
2. Relisez le portrait d'Harpagon que fait La Flèche aux lignes 22 à 44. Relevez tous les mots qui expriment la dureté. Quelles hyperboles (voir les outils de lecture, p. 186) utilise-t-il pour convaincre Frosine ?
3. En quoi la fin de la tirade (voir les mots du théâtre, p. 188) de La Flèche est-elle comique ? De quel type de comique s'agit-il ?

Scène 5

4. Comment Frosine flatte-t-elle Harpagon :
   – des lignes 3 à 7 ?
   – des lignes 8 à 34 ?
   – des lignes 151 à 164 ?
   – des lignes 165 à 174 ?

5 Reprenez chacune de ces flatteries et expliquez pourquoi elles font rire le spectateur.

6 En quoi consistent les « douze mille livres de rente » de Mariane ? Harpagon est-il dupe ? Comment Frosine présente-t-elle Mariane ? Harpagon est-il convaincu ? et le spectateur ?

7 Relevez les didascalies de la ligne 176 à 201. À qui sont-elles destinées ? Quel est leur but ?

Pour conclure

8 Pourquoi Harpagon a-t-il deux visages à la fin de la scène ? Que représentent ces deux visages ? Lequel l'emporte ?

9 En quoi ces deux facettes d'Harpagon sont-elles à la fois drôles et inquiétantes ?

Vocabulaire Synonyme – antonyme

À la page 66, La Flèche fait un portrait particulièrement peu élogieux d'Harpagon.

Trouvez un synonyme et un antonyme des termes qu'il emploie :

a. « dur » (l. 25) ;
b. « bienveillance » (l. 27) ;
c. « aride » (l. 30) ;
d. « aversion » (l. 31).

Exposé oral

Les flatteries de Frosine sont une vieille « ficelle » du théâtre. Imaginez à votre tour une scène dans laquelle un personnage persuade une personne qui écrit très mal qu'elle est le plus grand des poètes.

Vous devrez toujours vous demander dans quel but le flatteur fait autant de compliments.

Retour sur...

I L'action

1. Quel nouveau motif d'opposition est apparu à l'acte II entre le père et le fils ?

2. De quel mariage n'est-il plus question à l'acte II ? Quelle intrigue amoureuse est au centre de l'acte ? Comment évolue-t-elle ?

3. Que laisse prévoir la dernière réplique de Frosine, après le départ d'Harpagon ?

II Les personnages

4. Quel personnage est présent dans presque tout l'acte II ? Quelles nouvelles informations sont révélées sur lui, en particulier par La Flèche ? L'amour rend-il ce personnage plus généreux ?

5. Qui est Frosine ? Comment s'exprime son habileté ? Parvient-elle à obtenir ce qu'elle veut d'Harpagon ? Pourquoi ?

6. Harpagon est un personnage classique au théâtre : le vieillard amoureux ou barbon. Quelles sont ses caractéristiques physiques ? Les goûts de Mariane vous semblent-ils vraisemblables ?

III La mise en scène

7. Pourquoi une partie du texte de la scène 1 est-elle en italique ? Quel accessoire (voir les mots du théâtre, p. 188) doit prévoir le metteur en scène ?

8. À qui sont destinées les didascalies dans les tirades de Frosine à la fin de l'acte ?

IV Le mariage

9. Pour quelle raison Mariane a-t-elle accepté de rencontrer Harpagon ? Qu'est-ce que sa mère ne peut lui donner pour le contrat de mariage ? De quoi Frosine essaie-t-elle de persuader Harpagon ?

L'Avare, de Molière, mise en scène de Catherine Hiegel avec Denis Podalydès (Harpagon), Comédie Française, 2009.

ACTE III

Scène 1

HARPAGON, CLÉANTE, ÉLISE, VALÈRE, DAME CLAUDE, MAÎTRE JACQUES, BRINDAVOINE, LA MERLUCHE

HARPAGON. – Allons, venez çà tous, que je vous distribue mes ordres pour tantôt[1] et règle à chacun son emploi. Approchez, dame Claude. Commençons par vous. *(Elle tient un balai.)* Bon, vous voilà les armes à la main. Je vous commets au soin[2] de nettoyer partout ; et surtout prenez garde de ne point frotter les meubles trop fort, de peur de les user. Outre[3] cela, je vous constitue, pendant le souper, au gouvernement des bouteilles ; et s'il s'en écarte[4] quelqu'une et qu'il se casse quelque chose, je m'en prendrai à vous, et le rabattrai sur vos gages[5].

MAÎTRE JACQUES. – Châtiment politique[6].

HARPAGON. – Allez. Vous, Brindavoine, et vous, La Merluche, je vous établis dans la charge de rincer les verres, et de donner à boire, mais seulement lorsque l'on aura soif, et non pas selon la coutume de certains impertinents[7] de laquais, qui viennent provoquer les gens, et les faire aviser[8] de boire lorsqu'on n'y songe pas. Attendez qu'on vous en demande plus d'une fois, et vous ressouvenez de porter toujours beaucoup d'eau.

MAÎTRE JACQUES. – Oui, le vin pur monte à la tête.

LA MERLUCHE. – Quitterons-nous nos siquenilles[9], Monsieur ?

1. **Tantôt** : tout à l'heure.
2. **Je vous commets au soin** : je vous charge.
3. **Outre** : en plus de.
4. **S'il s'en écarte** : s'il s'en égare.
5. **Le rabattrai sur vos gages** : le retirerai de votre salaire.
6. **Châtiment politique** : punition qui profite financièrement à Harpagon.
7. **Impertinents** : insolents.
8. **Aviser** : penser.
9. **Siquenilles** : tenues qui recouvrent les habits pour éviter de les salir.

Harpagon. – Oui, quand vous verrez venir les personnes ; et gardez bien de gâter[1] vos habits.

Brindavoine. – Vous savez bien, Monsieur, qu'un des devants de mon pourpoint[2] est couvert d'une grande tache de l'huile de la lampe.

La Merluche. – Et moi, Monsieur, que j'ai mon haut-de-chausses[3] tout troué par-derrière, et qu'on me voit, révérence parler[4]…

Harpagon. – Paix. Rangez cela adroitement du côté de la muraille, et présentez toujours le devant au monde. *(Harpagon met son chapeau au-devant de son pourpoint, pour montrer à Brindavoine comment il doit faire pour cacher la tache d'huile.)* Et vous, tenez toujours votre chapeau ainsi, lorsque vous servirez. Pour vous, ma fille, vous aurez l'œil sur ce que l'on desservira, et prendrez garde qu'il ne s'en fasse aucun dégât[5]. Cela sied[6] bien aux filles. Mais cependant préparez-vous à bien recevoir ma maîtresse, qui vous doit venir visiter et vous mener avec elle à la foire. Entendez-vous ce que je vous dis ?

Élise. – Oui, mon père.

Harpagon. – Et vous, mon fils le damoiseau, à qui j'ai la bonté de pardonner l'histoire de tantôt, ne vous allez pas aviser non plus de lui faire mauvais visage.

Cléante. – Moi, mon père, mauvais visage ? Et par quelle raison ?

1. **De gâter** : d'abîmer.
2. **Pourpoint** : veste.
3. **Haut-de-chausses** : pantalon.
4. **Révérence parler** : sauf votre respect.
5. **Il ne s'en fasse aucun dégât** : il n'y ait aucune perte.
6. **Sied** : convient.

HARPAGON. – Mon Dieu ! nous savons le train[7] des enfants dont les pères se remarient, et de quel œil ils ont coutume de regarder ce qu'on appelle belle-mère. Mais si vous souhaitez que je perde le souvenir de votre dernière fredaine[8], je vous recommande surtout de régaler d'un bon visage cette personne-là, et de lui faire enfin tout le meilleur accueil qu'il vous sera possible.

CLÉANTE. – À vous dire le vrai, mon père, je ne puis pas vous promettre d'être bien aise[9] qu'elle devienne ma belle-mère : je mentirais, si je vous le disais ; mais pour ce qui est de la bien recevoir, et de lui faire bon visage, je vous promets de vous obéir ponctuellement[10] sur ce chapitre.

HARPAGON. – Prenez-y garde au moins.

CLÉANTE. – Vous verrez que vous n'aurez pas sujet de vous en plaindre.

HARPAGON. – Vous ferez sagement. Valère, aide-moi à ceci. Ho çà, maître Jacques, approchez-vous, je vous ai gardé pour le dernier.

MAÎTRE JACQUES. – Est-ce à votre cocher, Monsieur, ou bien à votre cuisinier, que vous voulez parler ? car je suis l'un et l'autre.

HARPAGON. – C'est à tous les deux.

MAÎTRE JACQUES. – Mais à qui des deux le premier ?

HARPAGON. – Au cuisinier.

MAÎTRE JACQUES. – Attendez donc, s'il vous plaît.

7. **Train** : comportement.
8. **Fredaine** : bêtise.
9. **Bien aise** : content.
10. **Ponctuellement** : fidèlement.

Il ôte sa casaque[1] de cocher, et paraît vêtu en cuisinier.

HARPAGON. – Quelle diantre de cérémonie est-ce là ?

MAÎTRE JACQUES. – Vous n'avez qu'à parler.

HARPAGON. – Je me suis engagé, maître Jacques, à donner ce soir à souper.

MAÎTRE JACQUES. – Grande merveille !

HARPAGON. – Dis-moi un peu, nous feras-tu bonne chère[2] ?

MAÎTRE JACQUES. – Oui, si vous me donnez bien de l'argent.

HARPAGON. – Que diable, toujours de l'argent ! Il semble qu'ils n'aient autre chose à dire : « De l'argent, de l'argent, de l'argent. » Ah ! ils n'ont que ce mot à la bouche : « De l'argent. » Toujours parler d'argent. Voilà leur épée de chevet[3], de l'argent.

VALÈRE. – Je n'ai jamais vu de réponse plus impertinente que celle-là. Voilà une belle merveille que de faire bonne chère avec bien de l'argent : c'est une chose la plus aisée[4] du monde, et il n'y a si pauvre esprit qui n'en fît bien autant ; mais pour agir en habile homme, il faut parler de faire bonne chère avec peu d'argent.

MAÎTRE JACQUES. – Bonne chère avec peu d'argent !

VALÈRE. – Oui.

MAÎTRE JACQUES. – Par ma foi, Monsieur l'intendant, vous nous obligerez[5] de nous faire voir ce secret, et de prendre

1. **Casaque** : veste.
2. **Nous feras-tu bonne chère ?** : nous prépareras-tu un bon repas ?
3. **Leur épée de chevet** : leur obsession.
4. **Aisée** : facile.
5. **Vous nous obligerez** : vous nous rendrez service.

mon office[6] de cuisinier : aussi bien vous mêlez-vous céans[7] d'être le factoton[8].

HARPAGON. – Taisez-vous. Qu'est-ce qu'il nous faudra ?

MAÎTRE JACQUES. – Voilà Monsieur votre intendant, qui vous fera bonne chère pour peu d'argent.

HARPAGON. – Haye ! je veux que tu me répondes.

MAÎTRE JACQUES. – Combien serez-vous de gens à table ?

HARPAGON. – Nous serons huit ou dix ; mais il ne faut prendre que huit ; quand il y a à manger pour huit, il y en a bien pour dix.

VALÈRE. – Cela s'entend.

MAÎTRE JACQUES. – Hé bien ! il faudra quatre grands potages, et cinq assiettes. Potages… Entrées…

HARPAGON. – Que diable ! voilà pour traiter[9] toute une ville entière.

MAÎTRE JACQUES. – Rôt[10]…

HARPAGON, *en lui mettant la main sur la bouche.* – Ah ! traître, tu manges tout mon bien.

MAÎTRE JACQUES. – Entremets…

HARPAGON. – Encore ?

VALÈRE. – Est-ce que vous avez envie de faire crever tout le monde ? et Monsieur a-t-il invité des gens pour les assassiner à force de mangeaille ? Allez-vous-en lire un peu les préceptes[11] de la santé, et demander aux médecins s'il y a

Un menu qui n'en finit pas

Il arrive parfois que l'acteur qui joue maître Jacques ajoute à son gré d'autres plats à la liste : cette liberté d'improviser est issue de la comédie italienne. On appelle ces numéros d'acteur improvisés des *lazzi*.

6. **Mon office** : ma place.
7. **Céans** : ici.
8. **Factoton** : serviteur à tout faire.
9. **Traiter** : nourrir.
10. **Rôt** : rôti.
11. **Préceptes** : règles.

rien de plus préjudiciable[1] à l'homme que de manger avec excès.

HARPAGON. – Il a raison.

VALÈRE. – Apprenez, maître Jacques, vous et vos pareils, que c'est un coupe-gorge[2] qu'une table remplie de trop de viandes ; que pour se bien montrer ami de ceux que l'on invite, il faut que la frugalité[3] règne dans les repas qu'on donne ; et que, suivant le dire d'un ancien[4], *il faut manger pour vivre, et non pas vivre pour manger*.

HARPAGON. – Ah ! que cela est bien dit ! Approche, que je t'embrasse pour ce mot. Voilà la plus belle sentence[5] que j'aie entendue de ma vie. *Il faut vivre pour manger, et non pas manger pour vi*… Non, ce n'est pas cela. Comment est-ce que tu dis ?

VALÈRE. – *Qu'il faut manger pour vivre, et non pas vivre pour manger.*

HARPAGON. – Oui. Entends-tu ? Qui est le grand homme qui a dit cela ?

VALÈRE. – Je ne me souviens pas maintenant de son nom.

HARPAGON. – Souviens-toi de m'écrire ces mots : je les veux faire graver en lettres d'or sur la cheminée de ma salle.

VALÈRE. – Je n'y manquerai pas. Et pour votre souper, vous n'avez qu'à me laisser faire : je réglerai tout cela comme il faut.

HARPAGON. – Fais donc.

1. **Préjudiciable** : nuisible.
2. **Coupe-gorge** : piège.
3. **Frugalité** : simplicité.
4. Il s'agit de l'auteur latin Cicéron (Ier s. av. J.-C.).
5. **Sentence** : formule.

Maître Jacques. – Tant mieux : j'en aurai moins de peine.

Harpagon. – Il faudra de ces choses dont on ne mange guère, et qui rassasient[6] d'abord : quelque bon haricot bien gras, avec quelque pâté en pot bien garni de marrons.

Valère. – Reposez-vous sur moi.

Harpagon. – Maintenant, maître Jacques, il faut nettoyer mon carrosse.

Maître Jacques. – Attendez. Ceci s'adresse au cocher. *(Il remet sa casaque.)* Vous dites…

Harpagon. – Qu'il faut nettoyer mon carrosse, et tenir mes chevaux tout prêts pour conduire à la foire…

Maître Jacques. – Vos chevaux, Monsieur ? Ma foi, ils ne sont point du tout en état de marcher. Je ne vous dirai point qu'ils sont sur la litière, les pauvres bêtes n'en ont point, et ce serait fort mal parler ; mais vous leur faites observer des jeûnes[7] si austères, que ce ne sont plus rien que des idées ou des fantômes, des façons[8] de chevaux.

Harpagon. – Les voilà bien malades : ils ne font rien.

Maître Jacques. – Et pour ne faire rien, Monsieur, est-ce qu'il ne faut rien manger ? Il leur vaudrait bien mieux, les pauvres animaux, de travailler beaucoup, de manger de même. Cela me fend le cœur, de les voir ainsi exténués[9] ; car enfin j'ai une tendresse pour mes chevaux, qu'il me semble que c'est moi-même quand je les vois pâtir[10] ; je m'ôte tous les jours pour eux les choses de la bouche ; et

6. **Rassasient** : remplissent l'estomac.
7. **Jeûnes** : journées sans manger.
8. **Façons** : apparences.
9. **Exténués** : très affaiblis.
10. **Pâtir** : souffrir.

c'est être, Monsieur, d'un naturel trop dur, que de n'avoir nulle pitié de son prochain.

HARPAGON. – Le travail ne sera pas grand, d'aller jusqu'à la foire.

MAÎTRE JACQUES. – Non, Monsieur, je n'ai pas le courage de les mener, et je ferais conscience[1] de leur donner des coups de fouet, en l'état où ils sont. Comment voudriez-vous qu'ils traînassent un carrosse, qu'ils ne peuvent pas se traîner eux-mêmes ?

VALÈRE. – Monsieur, j'obligerai le voisin le Picard à se charger de les conduire ; aussi bien nous fera-t-il ici besoin[2] pour apprêter le souper.

MAÎTRE JACQUES. – Soit, j'aime mieux encore qu'ils meurent sous la main d'un autre que sous la mienne.

VALÈRE. – Maître Jacques fait bien le raisonnable.

MAÎTRE JACQUES. – Monsieur l'intendant fait bien le nécessaire[3].

HARPAGON. – Paix ![4]

MAÎTRE JACQUES. – Monsieur, je ne saurais souffrir les flatteurs ; et je vois que ce qu'il en fait, que ses contrôles perpétuels sur le pain et le vin, le bois, le sel, et la chandelle, ne sont rien que pour vous gratter[5] et vous faire sa cour. J'enrage de cela, et je suis fâché tous les jours d'entendre ce qu'on dit de vous ; car enfin je me sens pour vous de la tendresse, en dépit que j'en aie[6] ; et après mes chevaux, vous êtes la personne que j'aime le plus.

1. **Je ferais conscience** : j'aurais des remords.
2. **Nous fera-t-il ici besoin** : nous aurons besoin ici de maître Jacques.
3. **Le nécessaire** : l'homme indispensable.
4. **Paix !** : taisez-vous !
5. **Gratter** : plaire.
6. **En dépit que j'en aie** : malgré moi.

Harpagon. – Pourrais-je savoir de vous, maître Jacques, ce que l'on dit de moi ?

Maître Jacques. – Oui, Monsieur, si j'étais assuré que cela ne vous fâchât point.

Harpagon. – Non, en aucune façon.

Maître Jacques. – Pardonnez-moi, je sais fort bien que je vous mettrais en colère.

Harpagon. – Point du tout, au contraire, c'est me faire plaisir, et je suis bien aise d'apprendre comme[7] on parle de moi.

Maître Jacques. – Monsieur, puisque vous le voulez, je vous dirai franchement qu'on se moque partout de vous ; qu'on nous jette de tous côtés cent brocards[8] à votre sujet ; et que l'on n'est point plus ravi que de vous tenir au cul et aux chausses[9], et de faire sans cesse des contes de votre lésine[10]. L'un dit que vous faites imprimer des almanachs[11] particuliers, où vous faites doubler les quatre-temps et les vigiles, afin de profiter des jeûnes où vous obligez votre monde. L'autre, que vous avez toujours une querelle toute prête à faire à vos valets dans le temps des étrennes, ou de leur sortie d'avec vous[12], pour vous trouver une raison de ne leur donner rien. Celui-là conte qu'une fois vous fîtes assigner le chat[13] d'un de vos voisins, pour vous avoir mangé un reste d'un gigot de mouton. Celui-ci, que l'on vous surprit une nuit, en venant dérober vous-même l'avoine de vos chevaux ; et que votre cocher, qui était celui d'avant moi, vous donna dans l'obscurité je ne sais combien de coups de bâton, dont vous ne voulûtes rien dire. Enfin voulez-vous

Quatre-temps et vigiles

Les quatre-temps sont des périodes de trois jours de jeûne prescrits par la religion catholique, la première semaine de chaque saison.
Les vigiles sont les veilles de grandes fêtes religieuses où les fidèles doivent jeûner. Harpagon transforme le calendrier pour éviter de donner à manger à ses domestiques et à sa famille.

7. **Comme** : comment.
8. **Brocards** : moqueries blessantes.
9. **Vous tenir au cul et aux chausses** : se moquer de vous.
10. **Lésine** : avarice.
11. **Almanachs** : calendriers.
12. **Leur sortie d'avec vous** : quand ils quittent votre service.
13. **Vous fîtes assigner le chat** : vous fîtes un procès au chat.

que je vous dise ? On ne saurait aller nulle part où l'on ne vous entende accommoder[1] de toutes pièces ; vous êtes la fable et la risée[2] de tout le monde ; et jamais on ne parle de vous, que sous les noms d'avare, de ladre, de vilain et de fesse-mathieu.

HARPAGON, *en le battant*. – Vous êtes un sot, un maraud[3], un coquin, et un impudent[4].

MAÎTRE JACQUES. – Hé bien ! ne l'avais-je pas deviné ? Vous ne m'avez pas voulu croire : je vous l'avais bien dit que je vous fâcherais de vous dire la vérité.

HARPAGON. – Apprenez à parler.

Scène 2

MAÎTRE JACQUES, VALÈRE

VALÈRE. – À ce que je puis voir, maître Jacques, on paye mal votre franchise.

MAÎTRE JACQUES. – Morbleu ! Monsieur le nouveau venu, qui faites l'homme d'importance, ce n'est pas votre affaire. Riez de vos coups de bâton quand on vous en donnera, et ne venez point rire des miens.

VALÈRE. – Ah ! Monsieur maître Jacques, ne vous fâchez pas, je vous prie.

1. **Accommoder** : moquer.
2. **Risée** : sujet de plaisanteries.
3. **Maraud** : personne méprisable.
4. **Impudent** : insolent.

Maître Jacques. – Il file doux. Je veux faire le brave et s'il est assez sot pour me craindre, le frotter[5] quelque peu. Savez-vous bien, Monsieur le rieur, que je ne ris pas, moi ? et que si vous m'échauffez la tête, je vous ferai rire d'une autre sorte ?

Maître Jacques pousse Valère jusques au bout du théâtre, en le menaçant.

Valère. – Eh ! doucement.

Maître Jacques. – Comment, doucement ? Il ne me plaît pas, moi.

Valère. – De grâce.

Maître Jacques. – Vous êtes un impertinent[6].

Valère. – Monsieur maître Jacques…

Maître Jacques. – Il n'y a point de Monsieur maître Jacques pour un double[7]. Si je prends un bâton, je vous rosserai[8] d'importance.

Valère. – Comment, un bâton ?

Valère le fait reculer autant qu'il l'a fait.

Maître Jacques. – Eh ! je ne parle pas de cela.

Valère. – Savez-vous bien, Monsieur le fat[9], que je suis homme à vous rosser vous-même ?

Maître Jacques. – Je n'en doute pas.

5. **Frotter** : battre.
6. **Impertinent** : insolent.
7. **Il n'y a point de Monsieur maître Jacques pour un double** : il n'y a pas de Monsieur Jacques qui tienne.
8. **Rosserai** : battrai.
9. **Le fat** : l'imbécile.

Valère. – Que vous n'êtes, pour tout potage[1], qu'un faquin de cuisinier[2] ?

Maître Jacques. – Je le sais bien.

Valère. – Et que vous ne me connaissez pas encore.

Maître Jacques. – Pardonnez-moi.

Valère. – Vous me rosserez, dites-vous ?

Maître Jacques. – Je le disais en raillant[3].

Valère. – Et moi, je ne prends point de goût à votre raillerie. *(Il lui donne des coups de bâton.)* Apprenez que vous êtes un mauvais railleur.

Maître Jacques. – Peste[4] soit la sincérité ! c'est un mauvais métier. Désormais j'y renonce, et je ne veux plus dire vrai. Passe encore pour mon maître ; il a quelque droit de me battre ; mais pour ce Monsieur l'intendant, je m'en vengerai si je puis.

1. **Pour tout potage** : en tout et pour tout.
2. **Un faquin de cuisinier** : un misérable cuisinier.
3. **En raillant** : pour plaisanter.
4. **Peste** : maudite.

Pause lecture 7

Avez-vous bien lu ?

- Pourquoi Harpagon organise-t-il un dîner ?

❑ Pour fêter une rentrée d'argent.
❑ Pour faire la connaissance de Mariane.
❑ Pour présenter le seigneur Anselme à sa fille.

Au fil du texte

Scène 1

1. Quelle conséquence l'avarice d'Harpagon a-t-elle sur les habits de ses serviteurs ? Quelle solution Harpagon suggère-t-il ? Que fait-il pour montrer cette solution ?
2. Quelles sont les recommandations d'Harpagon pour le vin et pour la nourriture ? Quels plats propose-t-il ? En quoi sont-ils inadaptés à la situation ?
3. Que demande Harpagon à ses enfants ? De qui se méfie-t-il ? En quoi la réponse de Cléante a-t-elle un double sens ?
4. Expliquez quels sont les deux rôles de maître Jacques dans la maison. Quel jeu de scène entraîne cette double fonction ?
5. Pourquoi est-il impossible d'aller se promener dans le carrosse tiré par des chevaux ? Que révèle maître Jacques dans sa tirade (l. 204 à 226) sur le quotidien dans la maison d'Harpagon ?

Scène 2

6 D'après les premières répliques, quelle a été la réaction d'Harpagon aux propos de maître Jacques ? À son tour, que veut faire celui-ci ? Quel jeu de scène est mis en place ?

7 Pour quelle raison Valère réagit-il aussi vivement ? En quoi le conflit entre Valère et maître Jacques est-il important pour la suite de l'intrigue ?

Pour conclure

8 À qui maître Jacques est-il le plus attaché ? Qui vient en seconde position ? Ce personnage de comédie est-il là uniquement pour nous faire rire ? Justifiez votre réponse.

9 Expliquez l'attitude de Valère quand il est avec Harpagon. Que fait-il semblant d'approuver ? Qui a percé son jeu ?

Vocabulaire

Voici des mots tirés de la scène 1.

Gouvernement – ponctuellement – seulement – adroitement – châtiment – sagement – franchement

a. Dans cette liste, quels sont les deux intrus ?

b. Quelle est la classe grammaticale (ou nature) des autres mots ?

c. Expliquez leur formation.

Exposé oral

Vous avez été chargé(e) par vos camarades d'organiser un grand pique-nique pour la fin de l'année scolaire. Vous expliquez à chacun(e) ce qu'il doit apporter et ce qu'il doit faire.

Scène 3

FROSINE, MARIANE, MAÎTRE JACQUES

FROSINE. – Savez-vous, maître Jacques, si votre maître est au logis ?

MAÎTRE JACQUES. – Oui vraiment il y est, je ne le sais que trop.

FROSINE. – Dites-lui, je vous prie, que nous sommes ici.

Scène 4

MARIANE, FROSINE

MARIANE. – Ah ! que je suis, Frosine, dans un étrange état ! et s'il faut dire ce que je sens, que j'appréhende[1] cette vue !

FROSINE. – Mais pourquoi, et quelle est votre inquiétude ?

MARIANE. – Hélas ! me le demandez-vous ? et ne vous figurez-vous point les alarmes[2] d'une personne toute prête à voir le supplice où l'on veut l'attacher ?

FROSINE. – Je vois bien que, pour mourir agréablement, Harpagon n'est pas le supplice que vous voudriez embrasser ; et je connais à votre mine que le jeune blondin[3] dont vous m'avez parlé vous revient un peu dans l'esprit.

MARIANE. – Oui, c'est une chose, Frosine, dont je ne veux pas me défendre ; et les visites respectueuses qu'il a rendues

1. **J'appréhende** : je crains.
2. **Alarmes** : inquiétudes.
3. **Jeune blondin** : jeune homme.

chez nous ont fait, je vous l'avoue, quelque effet dans mon âme.

FROSINE. – Mais avez-vous su quel il est ?

MARIANE. – Non, je ne sais point quel il est ; mais je sais qu'il est fait d'un air à se faire aimer ; que si l'on pouvait mettre les choses à mon choix[1], je le prendrais plutôt qu'un autre ; et qu'il ne contribue pas peu à me faire trouver un tourment effroyable dans l'époux qu'on veut me donner.

FROSINE. – Mon Dieu ! tous ces blondins sont agréables, et débitent fort bien leur fait[2] ; mais la plupart sont gueux[3] comme des rats ; et il vaut mieux pour vous de prendre un vieux mari qui vous donne beaucoup de bien[4]. Je vous avoue que les sens ne trouvent pas si bien leur compte du côté que je dis, et qu'il y a quelques petits dégoûts à essuyer avec un tel époux ; mais cela n'est pas pour durer, et sa mort, croyez-moi, vous mettra bientôt en état d'en prendre un plus aimable, qui réparera toutes choses.

MARIANE. – Mon Dieu ! Frosine, c'est une étrange affaire, lorsque, pour être heureuse, il faut souhaiter ou attendre le trépas[5] de quelqu'un, et la mort ne suit pas tous les projets que nous faisons.

FROSINE. – Vous moquez-vous ? Vous ne l'épousez qu'aux conditions de vous laisser veuve bientôt ; et ce doit être là un des articles du contrat. Il serait bien impertinent de ne pas mourir dans trois mois. Le voici en propre personne.

MARIANE. – Ah ! Frosine, quelle figure !

1. **Mettre les choses à mon choix** : me faire choisir.
2. **Débitent fort bien leur fait** : parlent gentiment.
3. **Gueux** : pauvres.
4. **De bien** : d'argent.
5. **Trépas** : mort.

Scène 5

HARPAGON, FROSINE, MARIANE

HARPAGON. – Ne vous offensez pas, ma belle, si je viens à vous avec des lunettes. Je sais que vos appas[6] frappent assez les yeux, sont assez visibles d'eux-mêmes, et qu'il n'est pas besoin de lunettes pour les apercevoir ; mais enfin c'est avec des lunettes qu'on observe les astres ; et je maintiens et garantis que vous êtes un astre, mais un astre, le plus bel astre qui soit dans le pays des astres. Frosine, elle ne répond mot, et ne témoigne[7], ce me semble, aucune joie de me voir.

FROSINE. – C'est qu'elle est encore toute surprise ; et puis les filles ont toujours honte à témoigner d'abord[8] ce qu'elles ont dans l'âme.

HARPAGON. – Tu as raison. Voilà, belle mignonne, ma fille qui vient vous saluer.

Scène 6

ÉLISE, HARPAGON, MARIANE, FROSINE

MARIANE. – Je m'acquitte bien tard, Madame, d'une telle visite.

ÉLISE. – Vous avez fait, Madame, ce que je devais faire, et c'était à moi de vous prévenir[9].

6. **Vos appas** : votre beauté.
7. **Témoigne** : montre.
8. **D'abord** : tout de suite.
9. **Prévenir** : précéder.

Harpagon. – Vous voyez qu'elle est grande ; mais mauvaise herbe croît[1] toujours.

Mariane, *bas à Frosine.* – Oh ! l'homme déplaisant !

Harpagon. – Que dit la belle ?

Frosine. – Qu'elle vous trouve admirable.

Harpagon. – C'est trop d'honneur que vous me faites, adorable mignonne.

Mariane, *à part.* – Quel animal !

Harpagon. – Je vous suis trop obligé[2] de ces sentiments.

Mariane, *à part.* – Je n'y puis plus tenir.

Harpagon. – Voici mon fils aussi qui vient vous faire la révérence.

Mariane, *à part, à Frosine.* – Ah ! Frosine, quelle rencontre ! C'est justement celui dont je t'ai parlé.

Frosine, *à Mariane.* – L'aventure est merveilleuse.

Harpagon. – Je vois que vous vous étonnez de me voir de si grands enfants, mais je serai bientôt défait[3] et de l'un et de l'autre.

1. **Croît** : pousse.
2. **Obligé** : reconnaissant.
3. **Défait** : débarrassé.

L'Avare de Molière, mise en scène de Jean-Paul Roussillon pour la télévision le 17 juillet 1973, avec Isabelle Adjani (Mariane) et Ludmilla Mikael (Élise).

Pause lecture 8 ACTE III ◆ scènes 3 à 6

Avez-vous bien lu ?

• Pourquoi Harpagon a-t-il mis des lunettes ?

❑ Sa vue est basse et il veut bien voir Mariane.
❑ Il veut séduire Mariane.
❑ C'est un signe de richesse.

Au fil du texte

Scènes 3 et 4

1. Pourquoi Mariane est-elle aussi inquiète avant de rencontrer Harpagon ? Que lui promet Frosine pour l'encourager ? La jeune femme approuve-t-elle cette solution ?
2. Quels sont les sentiments de Mariane pour Cléante ?
3. Comment réagit la jeune femme en voyant Harpagon ? Sur quel ton prononce-t-elle la dernière réplique de la scène 4 ?

Scène 5

4. Quel objet provoque tout particulièrement la fierté d'Harpagon et le rire des spectateurs ? En quoi le choix de cet objet est-il particulièrement comique ? Pensez aux circonstances habituelles des coups de foudre.

5. **Zoom sur les lignes 1 à 8**
   a. De combien de phrases se compose ce passage ?
   b. Dans quel but Harpagon parle-t-il ainsi ?
   c. En quoi ce discours est-il ridicule (longueur, répétitions, images) ?

Scène 6

6 Qu'indiquent les didascalies de la scène 6 ? Quel est l'effet comique créé ?

7 Comment Harpagon présente-t-il sa fille et son fils à Mariane ? Que révèlent ces paroles ? L'attirance pour Mariane a-t-elle changé le cœur d'Harpagon ?

Pour conclure

8 Pourquoi la tentative d'Harpagon de se faire aimer ne provoque-t-elle pas la pitié du spectateur ?

9 Qui Mariane est-elle surprise de rencontrer chez Harpagon ? Qu'attend le spectateur ?

Vocabulaire Familles de mots

Les trois termes ci-dessous sont empruntés à l'éloge de Mariane par Harpagon, p. 97. Pour chacun d'eux, formez un mot de la même famille en ajoutant des suffixes et/ou des préfixes. Puis donnez une définition précise de chaque terme.

Visibles (l. 3) – *astres* (l. 5) – *témoigne* (l. 8)

Écriture

Un(e) de vos ami(e)s souhaite depuis longtemps vous présenter quelqu'un. La rencontre a lieu. Surprise ! Vous connaissiez déjà cette personne et vous aviez d'elle de très mauvais souvenirs. Racontez cette rencontre en précisant bien les réactions des uns et des autres.

Scène 7

CLÉANTE, HARPAGON, ÉLISE, MARIANE, FROSINE

CLÉANTE. – Madame, à vous dire le vrai, c'est ici une aventure où sans doute je ne m'attendais pas ; et mon père ne m'a pas peu surpris lorsqu'il m'a dit tantôt le dessein[1] qu'il avait formé.

MARIANE. – Je puis dire la même chose. C'est une rencontre imprévue qui m'a surprise autant que vous ; et je n'étais point préparée à une pareille aventure.

CLÉANTE. – Il est vrai que mon père, Madame, ne peut pas faire un plus beau choix, et que ce m'est une sensible joie que l'honneur de vous voir ; mais avec tout cela, je ne vous assurerai point que je me réjouis du dessein où vous pourriez être de devenir ma belle-mère. Le compliment, je vous l'avoue, est trop difficile pour moi ; et c'est un titre, s'il vous plaît, que je ne vous souhaite point. Ce discours paraîtra brutal aux yeux de quelques-uns ; mais je suis assuré que vous serez personne à le prendre comme il faudra ; que c'est un mariage, Madame, où vous vous imaginez bien que je dois avoir de la répugnance[2] ; que vous n'ignorez pas, sachant ce que je suis, comme il choque[3] mes intérêts ; et que vous voulez bien enfin que je vous dise, avec la permission de mon père, que si les choses dépendaient de moi, cet hymen[4] ne se ferait point.

HARPAGON. – Voilà un compliment bien impertinent : quelle belle confession à lui faire !

1. **Dessein** : projet.
2. **Répugnance** : dégoût.
3. **Choque** : contrarie.
4. **Hymen** : mariage.

MARIANE. – Et moi, pour vous répondre, j'ai à vous dire que les choses sont fort égales[5] ; et que si vous auriez de la répugnance à me voir votre belle-mère, je n'en aurais pas moins sans doute à vous voir mon beau-fils. Ne croyez pas, je vous prie, que ce soit moi qui cherche à vous donner cette inquiétude. Je serais fort fâchée de vous causer du déplaisir ; et si je ne m'y vois forcée par une puissance absolue[6], je vous donne ma parole que je ne consentirai point au mariage qui vous chagrine.

HARPAGON. – Elle a raison ; à sot compliment il faut une réponse de même. Je vous demande pardon, ma belle, de l'impertinence[7] de mon fils. C'est un jeune sot, qui ne sait pas encore la conséquence des paroles qu'il dit.

MARIANE. – Je vous promets que ce qu'il m'a dit ne m'a point du tout offensée ; au contraire, il m'a fait plaisir de m'expliquer ainsi ses véritables sentiments. J'aime de lui un aveu de la sorte ; et, s'il avait parlé d'autre façon, je l'en estimerais bien moins.

HARPAGON. – C'est beaucoup de bonté à vous de vouloir ainsi excuser ses fautes. Le temps le rendra plus sage, et vous verrez qu'il changera de sentiments.

CLÉANTE. – Non, mon père, je ne suis point capable d'en changer, et je prie instamment[8] Madame de le croire.

HARPAGON. – Mais voyez quelle extravagance ! il continue encore plus fort.

CLÉANTE. – Voulez-vous que je trahisse mon cœur ?

5. **Les choses sont fort égales** : il en est de même pour moi.
6. **Par une puissance absolue** : par le manque d'argent.
7. **Impertinence** : insolence.
8. **Instamment** : avec force.

Harpagon. – Encore ? Avez-vous envie de changer de discours ?

Cléante. – Hé bien ! puisque vous voulez que je parle d'autre façon, souffrez[1], Madame, que je me mette ici à la place de mon père, et que je vous avoue que je n'ai rien vu dans le monde de si charmant que vous ; que je ne conçois[2] rien d'égal au bonheur de vous plaire, et que le titre de votre époux est une gloire, une félicité[3] que je préférerais aux destinées des plus grands princes de la terre. Oui, Madame, le bonheur de vous posséder est à mes regards la plus belle de toutes les fortunes ; c'est où j'attache toute mon ambition ; il n'y a rien que je ne sois capable de faire pour une conquête si précieuse, et les obstacles les plus puissants…

Harpagon. – Doucement, mon fils, s'il vous plaît.

Cléante. – C'est un compliment que je fais pour vous à Madame.

Harpagon. – Mon Dieu ! j'ai une langue pour m'expliquer moi-même, et je n'ai pas besoin d'un procureur[4] comme vous. Allons, donnez des sièges.

Frosine. – Non ; il vaut mieux que de ce pas[5] nous allions à la foire, afin d'en revenir plus tôt, et d'avoir tout le temps ensuite de vous entretenir[6].

Harpagon. – Qu'on mette donc les chevaux au carrosse. Je vous prie de m'excuser, ma belle, si je n'ai pas songé à vous donner un peu de collation avant que de partir.

La collation

La collation est un repas léger constitué de mets exotiques. Ils coûtent donc très cher mais, devant Mariane, Harpagon ne peut refuser qu'on les lui apporte. Cette collation est bien sûr une vengeance de Cléante.

1. **Souffrez** : acceptez.
2. **Ne conçois** : n'imagine.
3. **Félicité** : bonheur.
4. **Procureur** : porte-parole.
5. **De ce pas** : tout de suite.
6. **Entretenir** : parler.

CLÉANTE. – J'y ai pourvu[7], mon père, et j'ai fait apporter ici quelques bassins d'oranges de la Chine, de citrons doux et de confitures, que j'ai envoyé quérir[8] de votre part.

HARPAGON, *bas à Valère.* – Valère !

VALÈRE, *à Harpagon.* – Il a perdu le sens[9].

CLÉANTE. – Est-ce que vous trouvez, mon père, que ce ne soit pas assez ? Madame aura la bonté d'excuser cela, s'il lui plaît.

MARIANE. – C'est une chose qui n'était pas nécessaire.

CLÉANTE. – Avez-vous jamais vu, Madame, un diamant plus vif que celui que vous voyez que mon père a au doigt ?

MARIANE. – Il est vrai qu'il brille beaucoup.

CLÉANTE. *Il l'ôte du doigt de son père et le donne à Mariane.* – Il faut que vous le voyiez de près.

MARIANE. – Il est fort beau sans doute, et jette quantité de feux[10].

CLÉANTE. *Il se met au-devant de Mariane, qui le veut rendre.* – Nenni[11], Madame : il est en de trop belles mains. C'est un présent[12] que mon père vous a fait.

HARPAGON. – Moi ?

CLÉANTE. – N'est-il pas vrai, mon père, que vous voulez que Madame le garde pour l'amour de vous ?

HARPAGON, *à part, à son fils.* – Comment ?

Les objets au théâtre

Les objets, dans une pièce de théâtre, ont toujours un rôle essentiel : que ce soit la cassette d'Harpagon, ses lunettes ridicules ou, ici, la bague qu'il est forcé d'offrir à Mariane. Ces éléments, toujours symboliques, permettent différents jeux de scène.

7. **J'y ai pourvu** : j'ai fait le nécessaire.
8. **Quérir** : chercher.
9. **Le sens** : la tête.
10. **De feux :** d'éclats.
11. **Nenni** : non.
12. **Présent** : cadeau.

CLÉANTE. – Belle demande ! Il me fait signe de vous le faire accepter.

MARIANE. – Je ne veux point…

CLÉANTE. – Vous moquez-vous ? Il n'a garde de[1] le reprendre.

HARPAGON, *à part*. – J'enrage !

MARIANE. – Ce serait…

CLÉANTE, *en empêchant toujours Mariane de rendre la bague*. – Non, vous dis-je, c'est l'offenser.

MARIANE. – De grâce…

CLÉANTE. – Point du tout.

HARPAGON, *à part*. – Peste soit…

CLÉANTE. – Le voilà qui se scandalise de votre refus.

HARPAGON, *bas, à son fils*. – Ah ! traître !

CLÉANTE. – Vous voyez qu'il se désespère.

HARPAGON, *bas, à son fils, en le menaçant*. – Bourreau que tu es !

CLÉANTE. – Mon père, ce n'est pas ma faute. Je fais ce que je puis pour l'obliger à la garder ; mais elle est obstinée.

HARPAGON, *bas, à son fils, avec emportement*. – Pendard !

CLÉANTE. – Vous êtes cause, Madame, que mon père me querelle[2].

1. **N'a garde** : ne veut pas.
2. **Querelle** : gronde.

HARPAGON, *bas, à son fils, avec les mêmes grimaces.* – Le coquin !

CLÉANTE. – Vous le ferez tomber malade. De grâce, Madame, ne résistez point davantage.

FROSINE. – Mon Dieu ! que de façons ! Gardez la bague, puisque Monsieur le veut.

MARIANE. – Pour ne vous point mettre en colère, je la garde maintenant ; et je prendrai un autre temps[3] pour vous la rendre.

3. **Je prendrai un autre temps** : j'attendrai un autre moment.

Scène 8

HARPAGON, MARIANE, FROSINE, CLÉANTE, BRINDAVOINE, ÉLISE

BRINDAVOINE. – Monsieur, il y a là un homme qui veut vous parler.

HARPAGON. – Dis-lui que je suis empêché[1], et qu'il revienne une autre fois.

BRINDAVOINE. – Il dit qu'il vous apporte de l'argent.

HARPAGON. – Je vous demande pardon. Je reviens tout à l'heure.

Scène 9

HARPAGON, MARIANE, CLÉANTE, ÉLISE, FROSINE, LA MERLUCHE, VALÈRE

LA MERLUCHE. *Il vient en courant, et fait tomber Harpagon.* – Monsieur…

HARPAGON. – Ah ! je suis mort.

CLÉANTE. – Qu'est-ce, mon père ? vous êtes-vous fait mal ?

HARPAGON. – Le traître assurément a reçu de l'argent de mes débiteurs[2], pour me faire rompre le cou.

1. **Empêché** : occupé.
2. **Mes débiteurs** : ceux qui me doivent de l'argent.

Valère. – Cela ne sera rien.

La Merluche. – Monsieur, je vous demande pardon, je croyais bien faire d'accourir vite.

Harpagon. – Que viens-tu faire ici, bourreau ?

La Merluche. – Vous dire que vos deux chevaux sont déferrés[3].

Harpagon. – Qu'on les mène promptement[4] chez le maréchal[5].

Cléante. – En attendant qu'ils soient ferrés, je vais faire pour vous, mon père, les honneurs de votre logis, et conduire Madame dans le jardin, où je ferai porter la collation.

Harpagon. – Valère, aie un peu l'œil à tout cela ; et prends soin, je te prie, de m'en sauver[6] le plus que tu pourras, pour le renvoyer au marchand.

Valère. – C'est assez.

Harpagon. – Ô fils impertinent, as-tu envie de me ruiner ?

3. **Déferrés** : sans fer aux sabots.
4. **Promptement** : rapidement.
5. **Maréchal** : maréchal-ferrant, artisan qui met des fers aux sabots des chevaux.
6. **Sauver** : récupérer.

Pause lecture 9 ACTE III ◆ scènes 7 à 9

Avez-vous bien lu ?

● Pour quelle raison Mariane se marie-t-elle ? (l. 25 à 33, p. 103)

❑ Pour ne plus vivre dans la pauvreté.

❑ Pour avoir une belle maison.

❑ Pour avoir des enfants.

Au fil du texte

Scène 7

1. Que comprend Harpagon lorsqu'il entend son fils parler à Mariane (lignes 8 à 22) ? Que comprend Mariane ? Comment s'appelle ce procédé au théâtre (voir les mots du théâtre, p. 188) ?
2. Après les reproches de son père, Cléante utilise un autre stratagème (lignes 53 à 66). Lequel ? Harpagon est-il dupe ?
3. Quels sont les cadeaux que Cléante fait à Mariane ? Pourquoi Harpagon ne peut-il s'opposer à ces dons ?
4. À la fin de la scène 7, que dit Harpagon tout bas ? Que dit Cléante tout haut ? En quoi est-ce comique ?

Scène 8

5. Pourquoi Harpagon change-t-il aussi rapidement d'avis ? Quelle est la réaction du public ?

Scène 9

6 Quel est l'intérêt de cette courte scène ? Que vont pouvoir faire Cléante et Mariane ?

Pour conclure

7 La vengeance de Cléante était-elle préparée ? Justifiez votre réponse.

8 Expliquez en quoi cette vengeance joue sur les deux points faibles de son père : l'amour et l'argent.

Vocabulaire

« Vous êtes un astre » (p. 97), déclare Harpagon à Mariane.

a. Comment s'appelle ce procédé d'écriture ?

b. Donnez la signification des expressions suivantes et précisez si c'est un compliment ou un reproche.
- Vous êtes le soleil de ma vie.
- Vous êtes une pie.
- Vous êtes un Don Juan.
- Vous êtes un boulet.

Écriture

Imaginez que Mariane, de retour chez elle, écrive une lettre à une amie pour lui raconter ce qui vient de lui arriver : sa rencontre avec Harpagon et son dialogue avec Cléante. Elle avouera son dégoût pour l'avare, mais aussi sa joie de savoir qu'elle est aimée par son fils.

Bilan ACTE III

Retour sur...

I L'action

1. Qu'organise Harpagon au début de l'acte ? Que cherche-t-il à éviter absolument ?

2. À quelle intrigue amoureuse est consacrée la plus grande partie de cet acte ? La situation s'est-elle améliorée par rapport à l'acte II ?

II Les personnages

3. Face à Harpagon, quel est le seul personnage sincère pendant cet acte ? En est-il récompensé ? Expliquez.

4. De qui Valère prend-il le parti dans la scène 1 ? Pour quelle raison agit-il ainsi ?

5. Quelle est la double signification des échanges entre Cléante et Mariane ? Que s'avouent-ils à mots couverts ?

III Le comique

6. Dans quelles scènes des coups sont-ils échangés ? Dans quelle sorte de pièce de théâtre les coups de bâton sont-ils fréquents (voir les mots du théâtre, p. 188) ? Quelle est la réaction des spectateurs ?

7. Montrez que, dans la scène 7, on trouve :
- du comique de mots ;
- du comique de situation ;
- du comique de gestes.

IV L'avarice d'Harpagon

8. « Il faut manger pour vivre et non pas vivre pour manger », déclare Valère. Pour quelle raison Harpagon approuve-t-il ce proverbe ?

9. Relisez la scène 1 et faites la liste de tous les domaines où s'exerce l'avarice d'Harpagon. En quoi est-il à la fois comique et inquiétant pour ceux qui l'entourent ?

L'Avare, un spectacle du « Grenier de Babouchka », mis en scène par Jean-Philippe Daguerre, avec Stéphanie Wurtz (Frosine), Armance Galpin (Mariane), David Slovo (Cléante), théâtre du Ranelagh, 2018-2019, Paris.

ACTE IV

Scène 1

CLÉANTE, MARIANE, ÉLISE, FROSINE

CLÉANTE. – Rentrons ici, nous serons beaucoup mieux. Il n'y a plus autour de nous personne de suspect, et nous pouvons parler librement.

ÉLISE. – Oui, Madame, mon frère m'a fait confidence de la passion qu'il a pour vous. Je sais les chagrins et les déplaisirs que sont capables de causer de pareilles traverses[1] ; et c'est, je vous assure, avec une tendresse extrême que je m'intéresse à votre aventure.

MARIANE. – C'est une douce consolation que de voir dans ses intérêts[2] une personne comme vous ; et je vous conjure[3], Madame, de me garder toujours cette généreuse amitié, si capable de m'adoucir les cruautés de la fortune.

FROSINE. – Vous êtes, par ma foi, de malheureuses gens l'un et l'autre, de ne m'avoir point, avant tout ceci, avertie de votre affaire. Je vous aurais sans doute détourné cette inquiétude, et n'aurais point amené les choses où l'on voit qu'elles sont.

CLÉANTE. – Que veux-tu ? C'est ma mauvaise destinée qui l'a voulu ainsi. Mais, belle Mariane, quelles résolutions sont les vôtres ?

MARIANE. – Hélas ! suis-je en pouvoir[4] de faire des résolutions ? Et dans la dépendance où je me vois, puis-je former que des souhaits ?

1. **Traverses** : obstacles.
2. **Dans ses intérêts** : de son côté.
3. **Conjure** : supplie.
4. **Suis-je en pouvoir** : ai-je la possibilité.

Cléante. – Point d'autre appui pour moi dans votre cœur que de simples souhaits ? point de pitié officieuse[5] ? point de secourable bonté ? point d'affection agissante ?

Mariane. – Que saurais-je vous dire ? Mettez-vous en ma place, et voyez ce que je puis faire. Avisez, ordonnez vous-même : je m'en remets à vous, et je vous crois trop raisonnable pour vouloir exiger de moi que ce qui peut m'être permis par l'honneur et la bienséance[6].

Cléante. – Hélas ! où me réduisez-vous, que de me renvoyer à ce que voudront me permettre les fâcheux sentiments d'un rigoureux honneur et d'une scrupuleuse bienséance.

Mariane. – Mais que voulez-vous que je fasse ? Quand je pourrais passer sur quantité d'égards[7] où notre sexe est obligé, j'ai de la considération[8] pour ma mère. Elle m'a toujours élevée avec une tendresse extrême, et je ne saurais me résoudre à lui donner du déplaisir. Faites, agissez auprès d'elle, employez tous vos soins à gagner son esprit : vous pouvez faire et dire tout ce que vous voudrez, je vous en donne la licence[9], et s'il ne tient qu'à me déclarer en votre faveur, je veux bien consentir à lui faire un aveu moi-même de tout ce que je sens pour vous.

Cléante. – Frosine, ma pauvre Frosine, voudrais-tu nous servir ?

Frosine. – Par ma foi ! faut-il demander ? je le voudrais de tout mon cœur. Vous savez que de mon naturel je suis assez humaine ; le Ciel ne m'a point fait l'âme de bronze, et je n'ai que trop de tendresse à rendre de petits services, quand

5. **Officieuse** : serviable.
6. **Bienséance** : convenances.
7. **Égards** : attentions.
8. **De la considération** : du respect.
9. **Licence** : permission.

je vois des gens qui s'entr'aiment en tout bien et en tout honneur. Que pourrions-nous faire à ceci ?

CLÉANTE. – Songe un peu, je te prie.

MARIANE. – Ouvre-nous des lumières[1].

ÉLISE. – Trouve quelque invention pour rompre ce que tu as fait.

FROSINE. – Ceci est assez difficile. Pour votre mère, elle n'est pas tout à fait déraisonnable, et peut-être pourrait-on la gagner, et la résoudre à transporter au fils le don qu'elle veut faire au père. Mais le mal que j'y trouve, c'est que votre père est votre père.

CLÉANTE. – Cela s'entend.

FROSINE. – Je veux dire qu'il conservera du dépit[2], si l'on montre qu'on le refuse ; et qu'il ne sera point d'humeur ensuite à donner son consentement à votre mariage. Il faudrait, pour bien faire, que le refus vînt de lui-même, et tâcher par quelque moyen de le dégoûter de votre personne.

CLÉANTE. – Tu as raison.

FROSINE. – Oui, j'ai raison, je le sais bien. C'est là ce qu'il faudrait ; mais le diantre[3] est d'en pouvoir trouver les moyens. Attendez : si nous avions quelque femme un peu sur l'âge, qui fût de mon talent, et jouât assez bien pour contrefaire[4] une dame de qualité[5], par le moyen d'un train[6] fait à la hâte, et d'un bizarre nom de marquise, ou de vicomtesse, que nous supposerions de la basse Bretagne, j'aurais assez d'adresse pour faire accroire[7] à votre père que ce serait une

1. **Ouvre-nous des lumières** : trouve-nous des solutions.
2. **Du dépit** : de la rancune.
3. **Diantre** : difficulté.
4. **Contrefaire** : imiter.
5. **De qualité** : riche.
6. **Train** : tenue.
7. **Accroire** : croire.

personne riche, outre ses maisons, de cent mille écus en argent comptant ; qu'elle serait éperdument amoureuse de lui, et souhaiterait de se voir sa femme, jusqu'à lui donner tout son bien par contrat de mariage ; et je ne doute point qu'il ne prêtât l'oreille à la proposition ; car enfin il vous aime fort, je le sais ; mais il aime un peu plus l'argent ; et quand, ébloui de ce leurre[8], il aurait une fois consenti à ce qui vous touche, il importerait peu ensuite qu'il se désabusât[9], en venant à vouloir voir clair aux effets[10] de notre marquise.

CLÉANTE. – Tout cela est fort bien pensé.

FROSINE. – Laissez-moi faire. Je viens de me ressouvenir d'une de mes amies, qui sera notre fait[11].

CLÉANTE. – Sois assurée, Frosine, de ma reconnaissance, si tu viens à bout de la chose. Mais, charmante Mariane, commençons, je vous prie, par gagner votre mère ; c'est toujours beaucoup faire que de rompre ce mariage. Faites-y de votre part, je vous en conjure, tous les efforts qu'il vous sera possible ; servez-vous de tout le pouvoir que vous donne sur elle cette amitié[12] qu'elle a pour vous ; déployez sans réserve les grâces éloquentes, les charmes tout-puissants que le Ciel a placés dans vos yeux et dans votre bouche ; et n'oubliez rien, s'il vous plaît, de ces tendres paroles, et de ces douces prières, et de ces caresses touchantes à qui je suis persuadé qu'on ne saurait rien refuser.

MARIANE. – J'y ferai tout ce que je puis, et n'oublierai aucune chose.

8. **Leurre** : piège.
9. **Désabusât** : comprît.
10. **Effets** : richesses.
11. **Sera notre fait** : fera l'affaire.
12. **Amitié** : amour.

Scène 2

HARPAGON, CLÉANTE, MARIANE, ÉLISE, FROSINE

HARPAGON. – Ouais ! mon fils baise la main de sa prétendue[1] belle-mère, et sa prétendue belle-mère ne s'en défend pas fort. Y aurait-il quelque mystère là-dessous ?

ÉLISE. – Voilà mon père.

HARPAGON. – Le carrosse est tout prêt. Vous pouvez partir quand il vous plaira.

CLÉANTE. – Puisque vous n'y allez pas, mon père, je m'en vais les conduire.

HARPAGON. – Non, demeurez. Elles iront bien toutes seules ; et j'ai besoin de vous.

1. **Prétendue** : future.

Avez-vous bien lu ?

- Que demande Mariane à Cléante ?

❑ De préparer leur fuite.
❑ De convaincre sa mère.
❑ De renoncer à elle.

Au fil du texte

Scène 1

1. En quoi peut-on dire que le couple Mariane-Cléante est enfin réuni ?

2. **Zoom sur les lignes 18 à 31**
   a. Quels types de phrases soulignent l'inquiétude des deux amoureux ?
   b. Dans quelle situation se trouve Mariane ?
   c. Quelles qualités montre-t-elle ?

3. Pour quelles raisons Frosine vient-elle en aide au jeune couple ? Relisez ses paroles lignes 47 à 52, mais aussi la scène 5 de l'acte II.

4. Quel stratagème Frosine imagine-t-elle ? Cette solution ne sera pas utilisée. Pourquoi alors l'avoir énoncée ?

Scène 2

5. Quel jeu de scène sous-entend la première réplique d'Harpagon ? Expliquez.

6. Pourquoi Harpagon demande-t-il à son fils de rester avec lui ? Que veut-il tirer au clair ?

Pour conclure

7 Quels sont les obstacles qui se dressent contre le couple formé par Cléante et Mariane ?

8 Montrez que la solution inventée par Frosine s'appuie sur l'obsession d'Harpagon. Quelle qualité de Frosine se révèle ?

9 Que va-t-il se passer, selon vous, pendant la scène 3 où Harpagon et son fils vont se trouver face à face ?

Vocabulaire

La langue du XVIIe siècle n'est pas la langue d'aujourd'hui. Trouvez l'équivalent des mots en gras suivants employés dans la scène 1.

Langue de Molière		Langue d'aujourd'hui
a. « Mon frère **m'a fait confidence** » (l. 4)	➔	....
b. « Je **sais** les chagrins » (l. 5)	➔	....
c. « Que **saurais**-je vous dire ? » (l. 27)	➔	....
d. « Des gens qui **s'entr'aiment** » (l. 51)	➔	....

Écriture

Frosine propose une solution à Cléante et Mariane pour résoudre leur problème. Imaginez une autre ruse destinée à tromper Harpagon.

Scène 3

HARPAGON, CLÉANTE

HARPAGON. – Ô çà, intérêt[1] de belle-mère à part, que te semble à toi de cette personne ?

CLÉANTE. – Ce qui m'en semble ?

HARPAGON. – Oui, de son air, de sa taille, de sa beauté, de son esprit ?

CLÉANTE. – La, la.

HARPAGON. – Mais encore ?

CLÉANTE. – À vous en parler franchement, je ne l'ai pas trouvée ici ce que je l'avais crue. Son air est de franche coquette ; sa taille est assez gauche, sa beauté très médiocre, et son esprit des plus communs. Ne croyez pas que ce soit, mon père, pour vous en dégoûter ; car belle-mère pour belle-mère, j'aime autant celle-là qu'une autre.

HARPAGON. – Tu lui disais tantôt[2] pourtant…

CLÉANTE. – Je lui ai dit quelques douceurs en votre nom, mais c'était pour vous plaire.

HARPAGON. – Si bien donc que tu n'aurais pas d'inclination[3] pour elle ?

CLÉANTE. – Moi ? point du tout.

HARPAGON. – J'en suis fâché ; car cela rompt une pensée qui m'était venue dans l'esprit. J'ai fait, en la voyant ici,

1. **Intérêt** : question.
2. **Tantôt** : tout à l'heure.
3. **Inclination** : amour.

réflexion sur mon âge ; et j'ai songé qu'on pourra trouver à redire de me voir marier à une si jeune personne. Cette considération m'en faisait quitter le dessein[1] ; et comme je l'ai fait demander, et que je suis pour elle engagé de parole, je te l'aurais donnée, sans l'aversion[2] que tu témoignes.

CLÉANTE. – À moi ?

HARPAGON. – À toi.

CLÉANTE. – En mariage ?

HARPAGON. – En mariage.

CLÉANTE. – Écoutez : il est vrai qu'elle n'est pas fort à mon goût ; mais pour vous faire plaisir, mon père, je me résoudrai[3] à l'épouser, si vous voulez.

HARPAGON. – Moi ? Je suis plus raisonnable que tu ne penses : je ne veux point forcer ton inclination[4].

CLÉANTE. – Pardonnez-moi, je me ferai cet effort pour l'amour de vous.

HARPAGON. – Non, non ; un mariage ne saurait être heureux où l'inclination n'est pas.

CLÉANTE. – C'est une chose, mon père, qui peut-être viendra ensuite ; et l'on dit que l'amour est souvent un fruit du mariage.

HARPAGON. – Non : du côté de l'homme, on ne doit point risquer l'affaire, et ce sont des suites fâcheuses, où je n'ai garde de me commettre. Si tu avais senti quelque inclination pour elle, à la bonne heure[5] : je te l'aurais fait épouser,

1. **Dessein** : projet.
2. **Aversion** : dégoût.
3. **Me résoudrai** : consentirai.
4. **Ton inclination** : tes sentiments.
5. **À la bonne heure** : tant mieux.

au lieu de moi ; mais cela n'étant pas, je suivrai mon premier dessein, et je l'épouserai moi-même.

CLÉANTE. – Hé bien ! mon père, puisque les choses sont ainsi, il faut vous découvrir mon cœur, il faut vous révéler notre secret. La vérité est que je l'aime, depuis un jour que je la vis dans une promenade ; que mon dessein était tantôt de vous la demander pour femme ; et que rien ne m'a retenu que la déclaration de vos sentiments, et la crainte de vous déplaire.

HARPAGON. – Lui avez-vous rendu visite ?

CLÉANTE. – Oui, mon père.

HARPAGON. – Beaucoup de fois ?

CLÉANTE. – Assez, pour le temps qu'il y a.

HARPAGON. – Vous a-t-on bien reçu ?

CLÉANTE. – Fort bien, mais sans savoir qui j'étais ; et c'est ce qui a fait tantôt la surprise de Mariane.

HARPAGON. – Lui avez-vous déclaré votre passion, et le dessein où vous étiez de l'épouser ?

CLÉANTE. – Sans doute[6] ; et même j'en avais fait à sa mère quelque peu d'ouverture.

HARPAGON. – A-t-elle écouté, pour sa fille, votre proposition ?

CLÉANTE. – Oui, fort civilement[7].

HARPAGON. – Et la fille correspond-elle fort[8] à votre amour ?

6. **Sans doute** : bien sûr.
7. **Civilement** : aimablement.
8. **Correspond-elle fort** : répond-elle favorablement.

Cléante. – Si j'en dois croire les apparences, je me persuade, mon père, qu'elle a quelque bonté pour moi.

Harpagon. – Je suis bien aise d'avoir appris un tel secret ; et voilà justement ce que je demandais. Oh sus[1] ! mon fils, savez-vous ce qu'il y a ? c'est qu'il faut songer, s'il vous plaît, à vous défaire de votre amour ; à cesser toutes vos poursuites auprès d'une personne que je prétends pour moi ; et à vous marier dans peu avec celle qu'on vous destine.

Cléante. – Oui, mon père, c'est ainsi que vous me jouez[2] ! Hé bien ! puisque les choses en sont venues là, je vous déclare, moi, que je ne quitterai point la passion que j'ai pour Mariane, qu'il n'y a point d'extrémité où je ne m'abandonne pour vous disputer sa conquête, et que si vous avez pour vous le consentement d'une mère, j'aurai d'autres secours peut-être qui combattront pour moi.

Harpagon. – Comment, pendard ? tu as l'audace d'aller sur mes brisées[3] ?

Cléante. – C'est vous qui allez sur les miennes ; et je suis le premier en date.

Harpagon. – Ne suis-je pas ton père ? et ne me dois-tu pas respect ?

Cléante. – Ce ne sont point ici des choses où les enfants soient obligés de déférer[4] aux pères ; et l'amour ne connaît personne.

Harpagon. – Je te ferai bien me connaître, avec de bons coups de bâton.

1. **Sus** : allons.
2. **Jouez** : trompez.
3. **Aller sur mes brisées** : rivaliser avec moi.
4. **Déférer** : obéir.

CLÉANTE. – Toutes vos menaces ne feront rien.

HARPAGON. – Tu renonceras à Mariane.

CLÉANTE. – Point du tout.

HARPAGON. – Donnez-moi un bâton tout à l'heure[5].

Scène 4

MAÎTRE JACQUES, HARPAGON, CLÉANTE

MAÎTRE JACQUES. – Eh, eh, eh, Messieurs, qu'est-ce ci[6] ? à quoi songez-vous ?

CLÉANTE. – Je me moque de cela.

MAÎTRE JACQUES. – Ah ! Monsieur, doucement.

HARPAGON. – Me parler avec cette impudence[7] !

MAÎTRE JACQUES. – Ah ! Monsieur, de grâce.

CLÉANTE. – Je n'en démordrai point[8].

MAÎTRE JACQUES. – Hé quoi ? à votre père ?

HARPAGON. – Laisse-moi faire.

MAÎTRE JACQUES. – Hé quoi ? à votre fils ? Encore passe pour moi.

HARPAGON. – Je te veux faire toi-même, maître Jacques, juge de cette affaire, pour montrer comme j'ai raison.

MAÎTRE JACQUES. – J'y consens[9]. Éloignez-vous un peu.

5. **Tout à l'heure** : tout de suite.
6. **Qu'est-ce ci** : qu'y a-t-il ?
7. **Impudence** : insolence.
8. **Je n'en démordrai point** : je ne changerai pas d'avis.
9. **J'y consens** : j'accepte.

Harpagon. – J'aime une fille, que je veux épouser ; et le pendard a l'insolence de l'aimer avec moi, et d'y prétendre malgré mes ordres.

Maître Jacques. – Ah ! il a tort.

Harpagon. – N'est-ce pas une chose épouvantable, qu'un fils qui veut entrer en concurrence avec son père ? et ne doit-il pas, par respect, s'abstenir[1] de toucher à mes inclinations ?

Maître Jacques. – Vous avez raison. Laissez-moi lui parler, et demeurez là.

Il vient trouver Cléante à l'autre bout du théâtre.

Cléante. – Hé bien ! oui, puisqu'il veut te choisir pour juge, je n'y recule point ; il ne m'importe qui ce soit ; et je veux bien aussi me rapporter à toi, maître Jacques, de notre différend[2].

Maître Jacques. – C'est beaucoup d'honneur que vous me faites.

Cléante. – Je suis épris d'une jeune personne qui répond à mes vœux[3], et reçoit tendrement les offres de ma foi[4] ; et mon père s'avise de venir troubler notre amour par la demande qu'il en fait faire.

Maître Jacques. – Il a tort assurément.

Cléante. – N'a-t-il point de honte, à son âge, de songer à se marier ? lui sied-il[5] bien d'être encore amoureux ? et ne devrait-il pas laisser cette occupation aux jeunes gens ?

1. **S'abstenir** : s'interdire.
2. **Différend** : querelle.
3. **Mes vœux** : mon amour.
4. **Foi** : sincérité.
5. **Sied-il** : convient-il.

MAÎTRE JACQUES. – Vous avez raison, il se moque. Laissez-moi lui dire deux mots. *(Il revient à Harpagon.)* Hé bien ! votre fils n'est pas si étrange que vous le dites, et il se met[6] à la raison. Il dit qu'il sait le respect qu'il vous doit, qu'il ne s'est emporté que dans la première chaleur[7], et qu'il ne fera point refus de se soumettre à ce qu'il vous plaira, pourvu que vous vouliez le traiter mieux que vous ne faites, et lui donner quelque personne en mariage dont il ait lieu d'être content.

HARPAGON. – Ah ! dis-lui, maître Jacques, que moyennant cela[8], il pourra espérer toutes choses de moi ; et que, hors[9] Mariane, je lui laisse la liberté de choisir celle qu'il voudra.

MAÎTRE JACQUES. *Il va au fils.* – Laissez-moi faire. Hé bien ! votre père n'est pas si déraisonnable que vous le faites ; et il m'a témoigné que ce sont vos emportements[10] qui l'ont mis en colère ; qu'il n'en veut seulement qu'à votre manière d'agir, et qu'il sera fort disposé à vous accorder ce que vous souhaitez, pourvu que vous vouliez vous y prendre par la douceur, et lui rendre les déférences, les respects, et les soumissions qu'un fils doit à son père.

CLÉANTE. – Ah ! maître Jacques, tu lui peux assurer que, s'il m'accorde Mariane, il me verra toujours le plus soumis de tous les hommes ; et que jamais je ne ferai aucune chose que par ses volontés.

MAÎTRE JACQUES. – Cela est fait. Il consent à ce que vous dites.

HARPAGON. – Voilà qui va le mieux du monde.

6. **Se met** : revient.
7. **Chaleur** : colère.
8. **Moyennant cela** : à cette condition.
9. **Hors** : excepté.
10. **Vos emportements** : vos réactions vives.

MAÎTRE JACQUES. – Tout est conclu. Il est content de vos promesses.

CLÉANTE. – Le Ciel en soit loué !

MAÎTRE JACQUES. – Messieurs, vous n'avez qu'à parler ensemble : vous voilà d'accord maintenant ; et vous alliez vous quereller, faute de vous entendre.

CLÉANTE. – Mon pauvre maître Jacques, je te serai obligé[1] toute ma vie.

MAÎTRE JACQUES. – Il n'y a pas de quoi, Monsieur.

HARPAGON. – Tu m'as fait plaisir, maître Jacques, et cela mérite une récompense. Va, je m'en souviendrai, je t'assure.

Il tire son mouchoir de sa poche, ce qui fait croire à maître Jacques qu'il va lui donner quelque chose.

MAÎTRE JACQUES. – Je vous baise les mains[2].

Scène 5

CLÉANTE, HARPAGON

CLÉANTE. – Je vous demande pardon, mon père, de l'emportement[3] que j'ai fait paraître.

HARPAGON. – Cela n'est rien.

CLÉANTE. – Je vous assure que j'en ai tous les regrets du monde.

1. **Obligé** : reconnaissant.
2. **Je vous baise les mains** : je vous remercie.
3. **Emportement** : colère.

Harpagon. – Et moi, j'ai toutes les joies du monde de te voir raisonnable.

Cléante. – Quelle bonté à vous d'oublier si vite ma faute !

Harpagon. – On oublie aisément les fautes des enfants, lorsqu'ils rentrent dans leur devoir.

Cléante. – Quoi ? ne garder aucun ressentiment de[4] toutes mes extravagances ?

Harpagon. – C'est une chose où tu m'obliges par la soumission et le respect où tu te ranges.

Cléante. – Je vous promets, mon père, que, jusques au tombeau, je conserverai dans mon cœur le souvenir de vos bontés.

Harpagon. – Et moi, je te promets qu'il n'y aura aucune chose que de moi tu n'obtiennes.

Cléante. – Ah ! mon père, je ne vous demande plus rien ; et c'est m'avoir assez donné que de me donner Mariane.

Harpagon. – Comment ?

Cléante. – Je dis, mon père, que je suis trop content de vous, et que je trouve toutes choses dans la bonté que vous avez de m'accorder Mariane.

Harpagon. – Qui est-ce qui parle de t'accorder Mariane ?

Cléante. – Vous, mon père.

Harpagon. – Moi !

Cléante. – Sans doute.

4. **Ne garder aucun ressentiment** : pardonner.

HARPAGON. – Comment ? C'est toi qui as promis d'y renoncer.

CLÉANTE. – Moi, y renoncer ?

HARPAGON. – Oui.

CLÉANTE. – Point du tout.

HARPAGON. – Tu ne t'es pas départi[1] d'y prétendre ?

CLÉANTE. – Au contraire, j'y suis porté plus que jamais.

HARPAGON. – Quoi ? pendard, derechef[2] ?

CLÉANTE. – Rien ne me peut changer.

HARPAGON. – Laisse-moi faire, traître.

CLÉANTE. – Faites tout ce qu'il vous plaira.

HARPAGON. – Je te défends de me jamais voir.

CLÉANTE. – À la bonne heure.

HARPAGON. – Je t'abandonne.

CLÉANTE. – Abandonnez.

HARPAGON. – Je te renonce pour[3] mon fils.

CLÉANTE. – Soit…

HARPAGON. – Je te déshérite.

CLÉANTE. – Tout ce que vous voudrez.

HARPAGON. – Et je te donne ma malédiction.

CLÉANTE. – Je n'ai que faire de vos dons.

L'autorité du père

Dans cette scène, Cléante tient tête à Harpagon. Toutefois, la société du XVIIe siècle donne tout pouvoir à un père sur ses enfants, en particulier pour ce qui concerne le mariage : une jeune fille ne peut se marier sans l'accord de son père, et passe ensuite sous l'autorité de son mari.

1. **Tu ne t'es pas départi** : tu n'as pas renoncé.
2. **Derechef** : de nouveau.
3. **Je te renonce pour** : je ne te considère plus comme.

L'Avare, un spectacle du « Grenier de Babouchka », mis en scène par Jean-Philippe Daguerre, avec Didier Lafaye (Harpagon), Antoine Guiraud (Cléante), théâtre du Ranelagh, 2018-2019, Paris.

Pause lecture 11 ACTE IV ◆ scènes 3 à 5

Avez-vous bien lu ?

- À la scène 5, pourquoi Cléante s'excuse-t-il auprès de son père ?

❑ Parce qu'il pense que son père lui accorde Mariane en mariage.
❑ Parce qu'il reconnaît l'autorité d'Harpagon.
❑ Parce qu'il regrette ses erreurs.

Au fil du texte

Scène 3

1. Que propose Harpagon à son fils dans la première partie de la scène (lignes 1 à 48) ? Qu'avoue alors Cléante ?
2. Dans quelle réplique Harpagon se dévoile-t-il ? Que veut-il alors imposer à son fils ?
3. Devant le refus de Cléante, quelle est la seule solution qu'Harpagon envisage ?

Scène 4

4. Comment maître Jacques réconcilie-t-il le père et le fils ? Expliquez pourquoi cette réconciliation n'est qu'apparente.
5. Sur quel jeu de scène le comique est-il fondé ?

Scène 5

6. Comment Cléante comprend-il les paroles d'apaisement de son père au début de la scène 5 ? Comment Harpagon interprète-t-il les excuses de Cléante ? Comment s'appelle ce type de dialogue ?

7 À quelle réplique l'ambiguïté est-elle dissipée ? Analysez le rythme des répliques au début de la scène et à la fin. Que reflète le changement de rythme ?

8 En quoi la querelle qui oppose le père et le fils prend-elle un tour plus grave à la fin de la scène 5 ? Comment réagit Cléante face aux malédictions d'Harpagon ? Que révèle cette attitude sur les sentiments du fils envers son père ?

Pour conclure

9 Tel père, tel fils ? Trouvez un trait de caractère commun à Harpagon et à Cléante. La réconciliation est-elle, selon vous, encore possible ?

Vocabulaire

« Je te déshérite » (l. 46), déclare Harpagon à la fin de la scène 5.

a. Expliquez la formation du verbe.

b. Trouvez les trois verbes formés de la même façon, correspondant aux définitions suivantes.
- Enlever l'herbe
- Enlever toute humanité
- Enlever l'honneur

Mise en scène

Interprétez la scène 4 après avoir bien réfléchi au jeu de scène qu'elle suppose et aux mouvements des acteurs sur le plateau.

Scène 6

LA FLÈCHE, CLÉANTE

LA FLÈCHE, *sortant du jardin, avec une cassette*. – Ah ! Monsieur, que je vous trouve à propos[1] ! suivez-moi vite.

CLÉANTE. – Qu'y a-t-il ?

LA FLÈCHE. – Suivez-moi, vous dis-je : nous sommes bien[2].

CLÉANTE. – Comment ?

LA FLÈCHE. – Voici votre affaire.

CLÉANTE. – Quoi ?

LA FLÈCHE. – J'ai guigné[3] ceci tout le jour.

CLÉANTE. – Qu'est-ce que c'est ?

LA FLÈCHE. – Le trésor de votre père, que j'ai attrapé.

CLÉANTE. – Comment as-tu fait ?

LA FLÈCHE. – Vous saurez tout. Sauvons-nous, je l'entends crier.

1. **À propos** : au bon moment.
2. **Nous sommes bien** : tout va bien pour nous.
3. **Guigné** : regardé en cachette.

Scène 7

Harpagon

Harpagon. *Il crie au voleur dès le jardin, et vient sans chapeau.* – Au voleur ! au voleur ! à l'assassin ! au meurtrier ! Justice, juste Ciel ! je suis perdu, je suis assassiné, on m'a coupé la gorge, on m'a dérobé mon argent. Qui peut-ce être ? Qu'est-il devenu ? Où est-il ? Où se cache-t-il ? Que ferai-je pour le trouver ? Où courir ? Où ne pas courir ? N'est-il point là ? N'est-il point ici ? Qui est-ce ? Arrête. Rends-moi mon argent, coquin… *(Il se prend lui-même le bras.)* Ah ! c'est moi. Mon esprit est troublé, et j'ignore où je suis, qui je suis, et ce que je fais. Hélas ! mon pauvre argent, mon pauvre argent, mon cher ami ! on m'a privé de toi ; et puisque tu m'es enlevé, j'ai perdu mon support, ma consolation, ma joie ; tout est fini pour moi, et je n'ai plus que faire au monde : sans toi, il m'est impossible de vivre. C'en est fait, je n'en puis plus ; je me meurs, je suis mort, je suis enterré. N'y a-t-il personne qui veuille me ressusciter[4], en me rendant mon cher argent, ou en m'apprenant qui l'a pris ? Euh ? que dites-vous ? Ce n'est personne. Il faut, qui que ce soit qui ait fait le coup, qu'avec beaucoup de soin on ait épié[5] l'heure ; et l'on a choisi justement le temps que je parlais à mon traître de fils. Sortons. Je veux aller quérir[6] la justice, et faire donner la question[7] à toute la maison : à servantes, à valets, à fils, à fille, et à moi aussi. Que de gens assemblés ! Je ne jette mes regards sur personne qui ne me donne des soupçons, et tout me semble mon voleur. Eh ! de quoi est-ce qu'on parle là ? De celui qui m'a dérobé ?

Plaute, inspirateur de Molière

La fameuse scène de la cassette est empruntée à la pièce *La Marmite* (*Aulularia*, en latin) de son illustre prédécesseur, l'auteur comique latin Plaute (IIe siècle av. J.-C.). Son avare Euclion se livre à un monologue qui présente beaucoup de ressemblances avec celui d'Harpagon.

4. **Ressusciter** : ramener à la vie.
5. **Épié** : surveillé.
6. **Quérir** : chercher.
7. **Donner la question** : torturer.

Quel bruit fait-on là-haut ? Est-ce mon voleur qui y est ? De grâce, si l'on sait des nouvelles de mon voleur, je supplie que l'on m'en dise. N'est-il point caché là parmi vous ? Ils me regardent tous, et se mettent à rire. Vous verrez qu'ils ont part[1] sans doute au vol que l'on m'a fait. Allons vite, des commissaires, des archers, des prévôts, des juges, des gênes[2], des potences et des bourreaux. Je veux faire pendre tout le monde ; et si je ne retrouve mon argent, je me pendrai moi-même après.

La folie au théâtre

Molière a souvent inventé des personnages obsédés par une idée fixe qui les rend ridicules. C'est ce qu'on appelle la comédie de caractère. Ici, Molière accentue la folie d'Harpagon en usant d'un autre procédé comique très efficace : l'adresse au public.

1. **Ils ont part** : ils ont participé.
2. **Gênes** : instruments de torture.

Illustration de Grandville (1803-1847) pour une fable de La Fontaine, « L'avare qui a perdu son trésor ».

Pause lecture 12

Avez-vous bien lu ?

- « Voici votre affaire » (scène 6, l. 6). De quoi parle La Flèche ?

❑ De l'amour de Cléante pour Mariane.
❑ D'une lettre qu'il vient de recevoir.
❑ De la cassette d'Harpagon.

Au fil du texte

Scène 6

1. De quelle cassette s'agit-il ? Relisez la scène 4 de l'acte I.
2. Pourquoi La Flèche demande-t-il à Cléante de le suivre immédiatement ?

Scène 7

3. Pourquoi Harpagon est-il seul sur scène ? Que symbolise cette soudaine solitude ? Qu'est ce qui justifie qu'Harpagon se mette à parler seul ? Comment s'appelle ce type de scène au théâtre (voir les mots du théâtre, p. 188) ?
4. Le discours d'Harpagon est tout entier marqué par l'excès, signalé par une figure de style appelée l'hyperbole. Donnez-en quelques exemples précis.
5. Relevez les reprises nominales qui se rapportent à l'argent. Que représente l'argent pour Harpagon ? Comment s'appelle ce procédé d'écriture ?
6. Quelle est la seule didascalie du dialogue ? De quoi Harpagon n'a-t-il plus conscience ?

Pour conclure

7 « Que dites-vous ? » (l. 18). À qui parle ici Harpagon ? Relevez d'autres expressions qui s'adressent aux mêmes interlocuteurs. Quel est l'effet produit sur les spectateurs ?

8 Pourquoi le public n'éprouve-t-il pas de la pitié pour cet homme égaré ? Ses menaces sont-elles effrayantes ? Aux dires mêmes d'Harpagon, que font les spectateurs en l'entendant ?

Vocabulaire

Dans son célèbre monologue (acte IV, scène 7), Harpagon utilise le champ lexical de l'injustice. Relevez-en plusieurs termes, que vous classerez par classe grammaticale.

Exposé oral

À votre tour de créer un monologue en imaginant le vol d'un objet insolite ou imaginaire (du vent, la Tour Eiffel, une fée, un mot, une bulle, une fourmi...). N'hésitez pas à faire appel au comique de l'absurde ou encore à des images poétiques. Votre personnage devra, comme Harpagon, prendre à partie des coupables fantaisistes.

Retour sur...

I L'action

1. Quel piège tend Harpagon à son fils à la scène 3 ?
2. Quel rôle essaie de jouer maître Jacques à la scène 4 ? Réussit-il ?
3. Quels sont les deux événements importants qui ont lieu aux scènes 5 et 6 ? Quelles en seront les conséquences selon vous ?

II Les personnages

4. Quels sont les personnages qui s'opposent à Harpagon à la fin de l'acte ? Montrez qu'ils sont de plus en plus nombreux.
5. Quel personnage a le rôle le plus important dans cet acte ? Dans combien de scènes apparaît-il ? Comment sa situation a-t-elle évolué ?
6. Cléante est certes différent de son père, mais il lui ressemble aussi un peu. Quels sont leurs points communs et leurs différences ?

III Harpagon : personnage comique ou tragique ?

7. Dans l'acte IV, quelle est la seule scène où le spectateur rit souvent ? Qu'éprouve-t-il pendant les scènes 3 et 5 devant le comportement d'Harpagon ?
8. Dans le monologue d'Harpagon, quels sont les éléments comiques (énumeration, exagération) ? Qu'y a-t-il aussi de tragique dans l'obsession d'Harpagon ? Dans quel état le vol de sa cassette le plonge-t-il ?

ACTE V

Scène 1

HARPAGON, LE COMMISSAIRE, SON CLERC

LE COMMISSAIRE. – Laissez-moi faire, je sais mon métier, Dieu merci. Ce n'est pas d'aujourd'hui que je me mêle de découvrir des vols ; et je voudrais avoir autant de sacs de mille francs que j'ai fait pendre de personnes.

HARPAGON. – Tous les magistrats sont intéressés à prendre cette affaire en main ; et si l'on ne me fait retrouver mon argent, je demanderai justice de la justice.

LE COMMISSAIRE. – Il faut faire toutes les poursuites requises[1]. Vous dites qu'il y avait dans cette cassette… ?

HARPAGON. – Dix mille écus bien comptés[2].

LE COMMISSAIRE. – Dix mille écus !

HARPAGON. – Dix mille écus.

LE COMMISSAIRE. – Le vol est considérable.

HARPAGON. – Il n'y a point de supplice assez grand pour l'énormité de ce crime ; et s'il demeure impuni, les choses les plus sacrées ne sont plus en sûreté.

LE COMMISSAIRE. – En quelles espèces[3] était cette somme ?

HARPAGON. – En bons louis d'or et pistoles bien trébuchantes[4].

LE COMMISSAIRE. – Qui soupçonnez-vous de ce vol ?

HARPAGON. – Tout le monde ; et je veux que vous arrêtiez prisonniers[5] la ville et les faubourgs.

La valeur de la cassette d'Harpagon

Dix mille écus d'or pèsent 33,5 kg. Au cours actuel de l'or, cela représente 33,5 × 40 000 €, soit 1 340 000 €. La cassette d'Harpagon contient donc une somme énorme ! On comprend la surprise du commissaire.

1. **Requises** : nécessaires.
2. **Bien comptés** : comptés largement.
3. **Espèces** : monnaies.
4. **Trébuchantes** : de bonne qualité car pesant le bon poids.
5. **Arrêtiez prisonniers** : fassiez prisonniers.

LE COMMISSAIRE. – Il faut, si vous m'en croyez, n'effaroucher[6] personne, et tâcher doucement d'attraper quelques preuves, afin de procéder après par la rigueur au recouvrement[7] des deniers[8] qui vous ont été pris.

Scène 2

MAÎTRE JACQUES, HARPAGON, LE COMMISSAIRE, SON CLERC

MAÎTRE JACQUES, *au bout du théâtre, en se retournant du côté dont il sort.* – Je m'en vais revenir. Qu'on me l'égorge tout à l'heure ; qu'on me lui fasse griller les pieds, qu'on me le mette dans l'eau bouillante, et qu'on me le pende au plancher.

HARPAGON. – Qui ? celui qui m'a dérobé ?

MAÎTRE JACQUES. – Je parle d'un cochon de lait que votre intendant me vient d'envoyer, et je veux vous l'accommoder[9] à ma fantaisie.

HARPAGON. – Il n'est pas question de cela ; et voilà Monsieur, à qui il faut parler d'autre chose.

LE COMMISSAIRE. – Ne vous épouvantez point. Je suis homme à ne vous point scandaliser[10], et les choses iront dans la douceur.

MAÎTRE JACQUES. – Monsieur est de votre souper ?

LE COMMISSAIRE. – Il faut ici, mon cher ami, ne rien cacher à votre maître.

6. **N'effaroucher** : ne faire peur à.
7. **Au recouvrement** : à la récupération.
8. **Des deniers** : de l'argent.
9. **L'accommoder** : le préparer.
10. **Scandaliser** : offenser.

Maître Jacques. – Ma foi ! Monsieur, je montrerai tout ce que je sais faire, et je vous traiterai du mieux qu'il me sera possible.

Harpagon. – Ce n'est pas là l'affaire.

Maître Jacques. – Si je ne vous fais pas aussi bonne chère[1] que je voudrais, c'est la faute de Monsieur notre intendant, qui m'a rogné[2] les ailes avec les ciseaux de son économie.

Harpagon. – Traître, il s'agit d'autre chose que de souper ; et je veux que tu me dises des nouvelles de l'argent qu'on m'a pris.

Maître Jacques. – On vous a pris de l'argent ?

Harpagon. – Oui, coquin ; et je m'en vais te pendre, si tu ne me le rends.

Le Commissaire. – Mon Dieu ! ne le maltraitez point. Je vois à sa mine qu'il est honnête homme, et que sans se faire mettre en prison, il vous découvrira ce que vous voulez savoir. Oui, mon ami, si vous nous confessez[3] la chose, il ne vous sera fait aucun mal, et vous serez récompensé comme il faut par votre maître. On lui a pris aujourd'hui son argent, et il n'est pas que vous ne sachiez[4] quelques nouvelles de cette affaire.

Maître Jacques, *à part.* – Voici justement ce qu'il me faut pour me venger de notre intendant : depuis qu'il est entré céans[5], il est le favori, on n'écoute que ses conseils, et j'ai aussi sur le cœur les coups de bâton de tantôt[6].

Harpagon. – Qu'as-tu à ruminer ?

1. **Aussi bonne chère** : un aussi bon repas.
2. **Rogné** : coupé.
3. **Confessez** : avouez.
4. **Il n'est pas que vous ne sachiez** : vous savez certainement.
5. **Céans** : dans cette maison.
6. **Tantôt** : tout à l'heure.

Le Commissaire. – Laissez-le faire : il se prépare à vous contenter, et je vous ai bien dit qu'il était honnête homme.

Maître Jacques. – Monsieur, si vous voulez que je vous dise les choses, je crois que c'est Monsieur votre cher intendant qui a fait le coup.

Harpagon. – Valère ?

Maître Jacques. – Oui.

Harpagon. – Lui, qui me paraît si fidèle ?

Maître Jacques. – Lui-même. Je crois que c'est lui qui vous a dérobé.

Harpagon. – Et sur quoi le crois-tu ?

Maître Jacques. – Sur quoi ?

Harpagon. – Oui.

Maître Jacques. – Je le crois… sur ce que je le crois.

Le Commissaire. – Mais il est nécessaire de dire les indices que vous avez.

Harpagon. – L'as-tu vu rôder autour du lieu où j'avais mis mon argent ?

Maître Jacques. – Oui, vraiment. Où était-il votre argent ?

Harpagon. – Dans le jardin.

Maître Jacques. – Justement : je l'ai vu rôder dans le jardin. Et dans quoi est-ce que cet argent était ?

Harpagon. – Dans une cassette.

La cassette

La cassette où Harpagon cache son argent est un petit coffre. Le mot sera répété douze fois jusqu'à la fin de la pièce, qui se termine également sur ce terme. Cette répétition révèle l'obsession d'Harpagon.

Maître Jacques. – Voilà l'affaire[1] : je lui ai vu une cassette.

Harpagon. – Et cette cassette, comment est-elle faite ? Je verrai bien si c'est la mienne.

Maître Jacques. – Comment elle est faite ?

Harpagon. – Oui.

Maître Jacques. – Elle est faite… elle est faite comme une cassette.

Le Commissaire. – Cela s'entend. Mais dépeignez-la[2] un peu, pour voir.

Maître Jacques. – C'est une grande cassette.

Harpagon. – Celle qu'on m'a volée est petite.

Maître Jacques. – Eh ! oui, elle est petite, si on le veut prendre par là ; mais je l'appelle grande pour ce qu'elle contient.

Le Commissaire. – Et de quelle couleur est-elle ?

Maître Jacques. – De quelle couleur ?

Le Commissaire. – Oui.

Maître Jacques. – Elle est de couleur… là, d'une certaine couleur… Ne sauriez-vous m'aider à dire ?

Harpagon. – Euh ?

Maître Jacques. – N'est-elle pas rouge ?

Harpagon. – Non, grise.

Maître Jacques. – Eh ! oui, gris-rouge : c'est ce que je voulais dire.

1. **Voilà l'affaire** : c'est cela.
2. **Dépeignez-la** : décrivez-la.

HARPAGON. – Il n'y a point de doute : c'est elle assurément. Écrivez, Monsieur, écrivez sa déposition. Ciel ! à qui désormais se fier ? Il ne faut jamais jurer de rien ; et je crois après cela que je suis homme à me voler moi-même.

MAÎTRE JACQUES. – Monsieur, le voici qui revient. Ne lui allez pas dire au moins que c'est moi qui vous ai découvert cela.

Scène 3

VALÈRE, HARPAGON, LE COMMISSAIRE, SON CLERC, MAÎTRE JACQUES

HARPAGON. – Approche : viens confesser l'action la plus noire, l'attentat le plus horrible qui jamais ait été commis.

VALÈRE. – Que voulez-vous, Monsieur ?

HARPAGON. – Comment, traître, tu ne rougis pas de ton crime ?

VALÈRE. – De quel crime voulez-vous donc parler ?

HARPAGON. – De quel crime je veux parler, infâme ! comme si tu ne savais pas ce que je veux dire. C'est en vain que tu prétendrais de le déguiser : l'affaire est découverte, et l'on vient de m'apprendre tout. Comment abuser ainsi de[3] ma bonté, et s'introduire exprès chez moi pour me trahir ? pour me jouer un tour de cette nature ?

VALÈRE. – Monsieur, puisqu'on vous a découvert tout, je ne veux point chercher de détours et vous nier la chose.

3. **Abuser de** : tromper.

Maître Jacques. – Oh ! oh ! aurais-je deviné sans y penser ?

Valère. – C'était mon dessein[1] de vous en parler, et je voulais attendre pour cela des conjonctures[2] favorables ; mais puisqu'il est ainsi, je vous conjure de ne vous point fâcher, et de vouloir bien entendre mes raisons.

Harpagon. – Et quelles belles raisons peux-tu me donner, voleur infâme ?

Valère. – Ah ! Monsieur, je n'ai pas mérité ces noms. Il est vrai que j'ai commis une offense envers vous ; mais, après tout, ma faute est pardonnable.

Harpagon. – Comment, pardonnable ? Un guet-apens ? un assassinat de la sorte ?

Valère. – De grâce, ne vous mettez point en colère. Quand vous m'aurez ouï[3], vous verrez que le mal n'est pas si grand que vous le faites.

Harpagon. – Le mal n'est pas si grand que je le fais ! Quoi ? mon sang, mes entrailles, pendard ?

Valère. – Votre sang[4], Monsieur, n'est pas tombé dans de mauvaises mains. Je suis d'une condition à ne lui point faire de tort, et il n'y a rien en tout ceci que je ne puisse bien réparer.

Harpagon. – C'est bien mon intention, et que tu me restitues ce que tu m'as ravi[5].

Valère. – Votre honneur, Monsieur, sera pleinement satisfait.

1. **Dessein** : intention.
2. **Conjonctures** : circonstances.
3. **Ouï** : entendu.
4. **Votre sang** : ici, votre fille.
5. **Ravi** : volé.

HARPAGON. – Il n'est pas question d'honneur là-dedans. Mais, dis-moi, qui t'a porté à cette action ?

VALÈRE. – Hélas ! me le demandez-vous ?

HARPAGON. – Oui, vraiment, je te le demande.

VALÈRE. – Un dieu qui porte les excuses de tout ce qu'il fait faire : l'Amour.

HARPAGON. – L'Amour ?

VALÈRE. – Oui.

HARPAGON. – Bel amour, bel amour, ma foi ! l'amour de mes louis d'or.

VALÈRE. – Non, Monsieur, ce ne sont point vos richesses qui m'ont tenté ; ce n'est pas cela qui m'a ébloui, et je proteste de ne prétendre rien à tous vos biens, pourvu que vous me laissiez celui que j'ai.

HARPAGON. – Non ferai[6], de par tous les diables ! je ne te le laisserai pas. Mais voyez quelle insolence de vouloir retenir le vol qu'il m'a fait !

VALÈRE. – Appelez-vous cela un vol ?

HARPAGON. – Si je l'appelle un vol ? Un trésor comme celui-là !

VALÈRE. – C'est un trésor, il est vrai, et le plus précieux que vous ayez sans doute ; mais ce ne sera pas le perdre que de me le laisser. Je vous le demande à genoux, ce trésor plein de charmes ; et pour bien faire, il faut que vous me l'accordiez.

6. **Non ferai** : je ne le ferai pas.

HARPAGON. – Je n'en ferai rien. Qu'est-ce à dire cela ?

VALÈRE. – Nous nous sommes promis une foi[1] mutuelle, et avons fait serment de ne nous point abandonner.

HARPAGON. – Le serment est admirable, et la promesse plaisante !

VALÈRE. – Oui, nous nous sommes engagés d'être l'un à l'autre à jamais.

HARPAGON. – Je vous en empêcherai bien, je vous assure.

VALÈRE. – Rien que la mort ne nous peut séparer.

HARPAGON. – C'est être bien endiablé après[2] mon argent.

VALÈRE. – Je vous ai déjà dit, Monsieur, que ce n'était point l'intérêt qui m'avait poussé à faire ce que j'ai fait. Mon cœur n'a point agi par les ressorts[3] que vous pensez, et un motif plus noble m'a inspiré cette résolution.

HARPAGON. – Vous verrez que c'est par charité chrétienne qu'il veut avoir mon bien ; mais j'y donnerai bon ordre ; et la justice, pendard effronté, me va faire raison de tout.

VALÈRE. – Vous en userez comme vous voudrez, et me voilà prêt à souffrir toutes les violences qu'il vous plaira ; mais je vous prie de croire, au moins, que, s'il y a du mal, ce n'est que moi qu'il en faut accuser, et que votre fille en tout ceci n'est aucunement coupable.

HARPAGON. – Je le crois bien, vraiment ; il serait fort étrange que ma fille eût trempé dans ce crime. Mais je veux ravoir

1. **Foi** : fidélité.
2. **C'est être bien endiablé après** : c'est vouloir bien violemment.
3. **Ressorts** : raisons.

mon affaire, et que tu me confesses en quel endroit tu me l'as enlevée.

VALÈRE. – Moi ? je ne l'ai point enlevée, et elle est encore chez vous.

HARPAGON. – Ô ma chère cassette ! *(À Valère)* Elle n'est point sortie de ma maison ?

VALÈRE. – Non, Monsieur.

HARPAGON. – Hé ! dis-moi donc un peu : tu n'y as point touché ?

VALÈRE. – Moi, y toucher ? Ah ! vous lui faites tort, aussi bien qu'à moi ; et c'est d'une ardeur toute pure et respectueuse que j'ai brûlé[4] pour elle.

HARPAGON. – Brûlé pour ma cassette !

VALÈRE. – J'aimerais mieux mourir que de lui avoir fait paraître aucune pensée offensante : elle est trop sage et trop honnête pour cela.

HARPAGON. – Ma cassette trop honnête !

VALÈRE. – Tous mes désirs se sont bornés à jouir de sa vue[5] ; et rien de criminel n'a profané[6] la passion que ses beaux yeux m'ont inspirée.

HARPAGON. – Les beaux yeux de ma cassette ! Il parle d'elle comme un amant d'une maîtresse.

VALÈRE. – Dame Claude, Monsieur, sait la vérité de cette aventure, et elle vous peut rendre témoignage…

Le quiproquo

On appelle *quiproquo* le fait de prendre un discours pour un autre. Le comique de la scène 3 repose sur un long quiproquo, où Valère croit qu'Harpagon lui parle d'Élise et où Harpagon croit que Valère lui parle de sa cassette. L'effet comique est rendu possible par la double énonciation théâtrale : les personnages ont moins d'informations que le spectateur, qui voit clair dans le dialogue.

4. **Brûlé** : éprouvé de la passion.
5. **Tous mes désirs se sont bornés à jouir de sa vue** : mon seul plaisir a été de la regarder.
6. **Profané** : sali.

Harpagon. – Quoi ? ma servante est complice de l'affaire ?

Valère. – Oui, Monsieur, elle a été témoin de notre engagement ; et c'est après avoir connu l'honnêteté de ma flamme[1], qu'elle m'a aidé à persuader votre fille de me donner sa foi, et recevoir la mienne.

Harpagon. – Eh ? Est-ce que la peur de la justice le fait extravaguer[2] ? Que nous brouilles-tu ici de ma fille ?

Valère. – Je dis, Monsieur, que j'ai eu toutes les peines du monde à faire consentir sa pudeur à ce que voulait mon amour.

Harpagon. – La pudeur de qui ?

Valère. – De votre fille ; et c'est seulement depuis hier qu'elle a pu se résoudre à nous signer mutuellement une promesse de mariage.

Harpagon. – Ma fille t'a signé une promesse de mariage !

Valère. – Oui, Monsieur, comme de ma part je lui en ai signé une.

Harpagon. – Ô Ciel ! autre disgrâce[3] !

Maître Jacques. – Écrivez, Monsieur, écrivez.

Harpagon. – Rengrégement[4] de mal ! surcroît de désespoir ! Allons, Monsieur, faites le dû de votre charge[5], et dressez-lui-moi son procès, comme larron[6], et comme suborneur[7].

Valère. – Ce sont des noms qui ne me sont point dus ; et quand on saura qui je suis…

1. **Flamme** : mon amour.
2. **Extravaguer** : délirer.
3. **Disgrâce** : malheur.
4. **Rengrégement** : augmentation.
5. **Faites le dû de votre charge** : faites votre devoir.
6. **Larron** : voleur.
7. **Suborneur** : séducteur.

L'Avare, un spectacle du « Grenier de Babouchka », mis en scène par Jean-Philippe Daguerre, avec Gary Grines (Maître Simon), Étienne Launay (Valère), Didier Lafaye (Harpagon), théâtre du Ranelagh, 2018-2019, Paris.

Pause lecture 13 ACTE V ◆ scènes 1 à 3

Avez-vous bien lu ?

● À la scène 2, pourquoi maître Jacques accuse-t-il Valère ?

❑ Il n'apprécie pas de devoir lui obéir.
❑ Il lui a donné des coups de bâton.
❑ Il est aussi avare qu'Harpagon.

Au fil du texte

Scène 1

1. Que s'est-il passé entre la fin de l'acte IV et le début de l'acte V ?
2. Qui sont les suspects pour Harpagon ?

Scène 2

3. Montrez que les preuves qu'apporte maître Jacques de la culpabilité de Valère sont peu solides.
4. Pourquoi Harpagon s'en contente-t-il facilement ? Depuis le vol de sa cassette, qu'est-il incapable de faire ?

Scène 3

5. Qu'avoue Valère dans cette scène ? Pourquoi ne l'avait-il pas fait auparavant ?
6. De quoi Harpagon pense-t-il parler lorsqu'il s'adresse à Valère ? De quoi Valère croit-il parler quand il s'adresse à Harpagon ?
7. Quels sont les mots à double sens qui permettent cette indécision ? De quelle façon Harpagon considère-t-il son argent ?

Pour conclure

8 « Il parle d'elle comme un amant d'une maîtresse » (l. 109-110) dit Harpagon au sujet de Valère. Pour qui cette parole est-elle surtout vraie ?

9 Cette confusion entre un être inanimé et un être animé s'est-elle déjà produite à l'acte précédent dans la bouche d'Harpagon ? Pouvait-on alors parler de quiproquo ?

Vocabulaire

Dans la scène 3 de l'acte V, le dialogue comprend plusieurs expressions avec le mot « diable ».

Donnez le sens des expressions suivantes :

– Tirer le diable par la queue
– Faire le diable à quatre
– Avoir le diable au corps
– Allez au diable !

Mise en scène

Interprétez l'interrogatoire de maître Jacques par le commissaire des lignes 58 à 95. Vous insisterez sur le comique de certaines répliques dû à l'embarras de maître Jacques et à la naïveté d'Harpagon.

Scène 4

ÉLISE, MARIANE, FROSINE, HARPAGON, VALÈRE, MAÎTRE JACQUES, LE COMMISSAIRE, SON CLERC

HARPAGON. – Ah ! fille scélérate[1] ! fille indigne d'un père comme moi ! c'est ainsi que tu pratiques les leçons que je t'ai données ? Tu te laisses prendre d'amour pour un voleur infâme, et tu lui engages ta foi sans mon consentement ? Mais vous serez trompés l'un et l'autre. Quatre bonnes murailles[2] me répondront de ta conduite ; et une bonne potence[3] me fera raison de ton audace.

VALÈRE. – Ce ne sera point votre passion qui jugera l'affaire ; et l'on m'écoutera, au moins, avant que de me condamner.

HARPAGON. – Je me suis abusé[4] de dire une potence, et tu seras roué[5] tout vif.

ÉLISE, *à genoux devant son père*. – Ah ! mon père, prenez des sentiments un peu plus humains, je vous prie, et n'allez point pousser les choses dans les dernières violences du pouvoir paternel. Ne vous laissez point entraîner aux premiers mouvements de votre passion, et donnez-vous le temps de considérer ce que vous voulez faire. Prenez la peine de mieux voir celui dont vous vous offensez : il est tout autre que vos yeux ne le jugent ; et vous trouverez moins étrange que je me sois donnée à lui, lorsque vous saurez que sans lui vous ne m'auriez plus il y a longtemps. Oui, mon père, c'est celui qui me sauva de ce grand péril[6] que vous savez que je courus dans l'eau, et à qui vous devez la vie de cette même fille dont...

1. **Scélérate** : criminelle.
2. **Quatre bonnes murailles** : un couvent.
3. **Potence** : échafaud.
4. **Abusé** : trompé.
5. **Tu seras roué** : on te fera subir le supplice de la roue.
6. **Péril** : danger.

Harpagon. – Tout cela n'est rien ; et il valait bien mieux pour moi qu'il te laissât noyer que de faire ce qu'il a fait.

Élise. – Mon père, je vous conjure, par l'amour paternel, de me…

Harpagon. – Non, non, je ne veux rien entendre ; et il faut que la justice fasse son devoir.

Maître Jacques. – Tu me payeras mes coups de bâton.

Frosine. – Voici un étrange embarras[7].

Scène 5

Anselme, Harpagon, Élise, Mariane, Frosine, Valère, Maître Jacques, le Commissaire, son Clerc

Anselme. – Qu'est-ce, seigneur Harpagon ? je vous vois tout ému[8].

Harpagon. – Ah ! seigneur Anselme, vous me voyez le plus infortuné de tous les hommes ; et voici bien du trouble et du désordre au contrat que vous venez faire ! On m'assassine dans le bien, on m'assassine dans l'honneur ; et voilà un traître, un scélérat, qui a violé tous les droits les plus saints, qui s'est coulé chez moi sous le titre de domestique, pour me dérober mon argent et pour me suborner[9] ma fille.

Valère. – Qui songe à votre argent, dont vous me faites un galimatias[10] ?

7. **Embarras** : complication.
8. **Ému** : bouleversé.
9. **Suborner** : séduire.
10. **Galimatias** : des paroles confuses.

Harpagon. – Oui, ils se sont donné l'un et l'autre une promesse de mariage. Cet affront vous regarde, seigneur Anselme, et c'est vous qui devez vous rendre partie contre lui[1], et faire toutes les poursuites de la justice, pour vous venger de son insolence.

Anselme. – Ce n'est pas mon dessein de me faire épouser par force, et de rien prétendre à un cœur qui se serait donné ; mais pour vos intérêts, je suis prêt à les embrasser ainsi que les miens propres.

Harpagon. – Voilà Monsieur qui est un honnête commissaire, qui n'oubliera rien, à ce qu'il m'a dit, de la fonction de son office. Chargez-le comme il faut, Monsieur, et rendez les choses bien criminelles.

Valère. – Je ne vois pas quel crime on me peut faire de la passion que j'ai pour votre fille ; et le supplice où vous croyez que je puisse être condamné pour notre engagement, lorsqu'on saura ce que je suis…

Harpagon. – Je me moque de tous ces contes ; et le monde aujourd'hui n'est plein que de ces larrons de noblesse[2], que de ces imposteurs, qui tirent avantage de leur obscurité[3], et s'habillent insolemment du premier nom illustre qu'ils s'avisent de prendre.

Valère. – Sachez que j'ai le cœur trop bon pour me parer de quelque chose qui ne soit point à moi, et que tout Naples peut rendre témoignage de ma naissance.

Anselme. – Tout beau ! prenez garde à ce que vous allez dire. Vous risquez ici plus que vous ne pensez ; et vous parlez

1. **Vous rendre partie contre lui** : l'attaquer en justice.
2. **Larrons de noblesse** : personnes qui font semblant d'appartenir à la noblesse.
3. **Obscurité** : naissance modeste.

devant un homme à qui tout Naples est connu, et qui peut aisément[4] voir clair dans l'histoire que vous ferez.

VALÈRE, *en mettant fièrement son chapeau.* – Je ne suis point homme à rien craindre, et si Naples vous est connu, vous savez qui était Dom Thomas d'Alburcy.

ANSELME. – Sans doute, je le sais ; et peu de gens l'ont connu mieux que moi.

HARPAGON. – Je ne me soucie ni de Dom Thomas ni de Dom Martin.

ANSELME. – De grâce, laissez-le parler, nous verrons ce qu'il en veut dire.

VALÈRE. – Je veux dire que c'est lui qui m'a donné le jour.

ANSELME. – Lui ?

VALÈRE. – Oui.

ANSELME. – Allez ; vous vous moquez. Cherchez quelque autre histoire, qui vous puisse mieux réussir, et ne prétendez pas vous sauver sous cette imposture[5].

VALÈRE. – Songez à mieux parler. Ce n'est point une imposture ; et je n'avance rien qu'il ne me soit aisé de justifier.

ANSELME. – Quoi ? vous osez vous dire fils de Dom Thomas d'Alburcy ?

VALÈRE. – Oui, je l'ose ; et je suis prêt de soutenir cette vérité contre qui que ce soit.

ANSELME. – L'audace est merveilleuse. Apprenez, pour vous confondre[6], qu'il y a seize ans pour le moins que l'homme

4. **Aisément** : facilement.
5. **Imposture** : tromperie.
6. **Confondre** : prouver que vous avez tort.

dont vous nous parlez périt sur mer avec ses enfants et sa femme, en voulant dérober leur vie aux cruelles persécutions qui ont accompagné les désordres de Naples, et qui en firent exiler plusieurs nobles familles.

Valère. – Oui ; mais apprenez, pour vous confondre, vous, que son fils, âgé de sept ans, avec un domestique, fut sauvé de ce naufrage par un vaisseau espagnol, et que ce fils sauvé est celui qui vous parle ; apprenez que le capitaine de ce vaisseau, touché de ma fortune[1], prit amitié pour moi ; qu'il me fit élever comme son propre fils, et que les armes furent mon emploi dès que je m'en trouvai capable ; que j'ai su depuis peu que mon père n'était point mort, comme je l'avais toujours cru ; que passant ici pour l'aller chercher, une aventure[2], par le Ciel concertée[3], me fit voir la charmante Élise ; que cette vue me rendit esclave de ses beautés ; et que la violence de mon amour, et les sévérités de son père, me firent prendre la résolution de m'introduire dans son logis, et d'envoyer un autre à la quête[4] de mes parents.

Anselme. – Mais quels témoignages encore, autres que vos paroles, nous peuvent assurer que ce ne soit point une fable[5] que vous ayez bâtie sur une vérité ?

Valère. – Le capitaine espagnol ; un cachet de rubis qui était à mon père ; un bracelet d'agate que ma mère m'avait mis au bras ; le vieux Pedro, ce domestique qui se sauva avec moi du naufrage.

Mariane. – Hélas ! à vos paroles je puis ici répondre, moi, que vous n'imposez point[6] ; et tout ce que vous dites me fait connaître clairement que vous êtes mon frère.

1. **Ma fortune** : mon sort.
2. **Aventure** : hasard.
3. **Concertée** : arrangée.
4. **Quête** : recherche.
5. **Fable** : mensonge.
6. **N'imposez point** : ne mentez pas.

VALÈRE. – Vous, ma sœur ?

MARIANE. – Oui. Mon cœur s'est ému dès le moment que vous avez ouvert la bouche ; et notre mère, que vous allez ravir[7], m'a mille fois entretenue[8] des disgrâces de notre famille. Le Ciel ne nous fit point aussi périr dans ce triste naufrage ; mais il ne nous sauva la vie que par la perte de notre liberté ; et ce furent des corsaires qui nous recueillirent, ma mère et moi, sur un débris de notre vaisseau. Après dix ans d'esclavage, une heureuse fortune nous rendit notre liberté, et nous retournâmes dans Naples, où nous trouvâmes tout notre bien vendu, sans y pouvoir trouver des nouvelles de notre père. Nous passâmes à Gênes, où ma mère alla ramasser quelques malheureux restes d'une succession qu'on avait déchirée[9] ; et de là, fuyant la barbare injustice de ses parents, elle vint en ces lieux, où elle n'a presque vécu que d'une vie languissante[10].

ANSELME. – Ô Ciel ! quels sont les traits de ta puissance ! et que tu fais bien voir qu'il n'appartient qu'à toi de faire des miracles ! Embrassez-moi, mes enfants, et mêlez tous deux vos transports[11] à ceux de votre père.

VALÈRE. – Vous êtes notre père ?

MARIANE. – C'est vous que ma mère a tant pleuré ?

ANSELME. – Oui, ma fille, oui, mon fils, je suis Dom Thomas d'Alburcy, que le Ciel garantit des ondes[12] avec tout l'argent qu'il portait, et qui vous ayant tous crus morts durant plus de seize ans, se préparait, après de longs voyages, à chercher dans l'hymen[13] d'une douce et sage personne la conso-

7. **Ravir** : remplir de joie.
8. **Entretenue** : parlé.
9. **Déchirée** : pillée.
10. **Languissante** : désespérée.
11. **Transports** : sentiments de joie intense.
12. **Garantit des ondes** : sauva des eaux.
13. **Hymen** : mariage.

lation de quelque nouvelle famille. Le peu de sûreté que j'ai vu pour ma vie à retourner à Naples m'a fait y renoncer pour toujours ; et ayant su trouver moyen d'y faire vendre ce que j'avais, je me suis habitué[1] ici, où, sous le nom d'Anselme, j'ai voulu m'éloigner les chagrins de cet autre nom qui m'a causé tant de traverses[2].

HARPAGON. – C'est là votre fils ?

ANSELME. – Oui.

HARPAGON. – Je vous prends à partie, pour me payer dix mille écus qu'il m'a volés.

ANSELME. – Lui, vous avoir volé ?

HARPAGON. – Lui-même.

VALÈRE. – Qui vous dit cela ?

HARPAGON. – Maître Jacques.

VALÈRE. – C'est toi qui le dis ?

MAÎTRE JACQUES. – Vous voyez que je ne dis rien.

HARPAGON. – Oui, voilà Monsieur le Commissaire qui a reçu sa déposition.

VALÈRE. – Pouvez-vous me croire capable d'une action si lâche ?

HARPAGON. – Capable ou non capable, je veux ravoir mon argent.

1. **Habitué** : installé.
2. **Traverses** : malheurs.

Avez-vous bien lu ?

- Pourquoi Anselme a-t-il changé de nom ?

❑ Pour échapper à la justice de Naples.
❑ Pour pouvoir se remarier.
❑ Pour oublier ses malheurs passés.

Au fil du texte

Scène 4

1. De quoi Harpagon menace-t-il Valère et Élise ?
2. Que cherche à faire Élise dans sa tirade (l. 12 à 24) ? Que montre la réaction de son père ?

Scène 5

3. De qui Anselme est-il le père ? Quel lien de famille unit Valère et Mariane ? Comment s'appelle ce type de révélations inattendues dans une pièce de théâtre (voir les mots du théâtre, p. 188) ?
4. Depuis combien de temps Anselme n'a-t-il pas revu ses enfants ? Pourquoi a-t-il renoncé à les chercher ?
5. À la suite de quels événements la famille d'Anselme a-t-elle été dispersée ? Dans quel type de roman pourrait apparaître une telle intrigue ?
6. Montrez que cette scène de reconnaissance est invraisemblable. Toutefois, de quelle situation compliquée tire-t-elle les personnages ?

7 Donnez un titre aux trois parties de cette scène :
- des lignes 1 à 33 ;
- des lignes 34 à 124 ;
- des lignes 125 à 140.

Dans quelle partie Harpagon est-il totalement muet ? Pourquoi ?

Pour conclure

8 En quoi la famille d'Anselme et celle d'Harpagon se ressemblent-elles ? Montrez que la personnalité d'Anselme est à l'opposé de celle d'Harpagon.

Vocabulaire

Dans les cinq premières répliques de la scène 5 de l'acte V :

a. Repérez les termes qui commencent par *in-*.

b. Donnez-en une définition et classez-les en deux colonnes selon que ce *in-* est un préfixe privatif ou non.

c. Trouvez cinq nouveaux exemples par colonne.

Créer une image

Voici des indications sur la façon dont Molière avait mis en scène *L'Avare* :
- **Décor** : « le théâtre est une salle, et sur le derrière un jardin » (didascalie initiale).
- **Accessoires** : « Il faut deux chiquenilles [habits en mauvais état], des lunettes, un balai, une batte [bâton], une cassette, une table, une robe, une chaise, une écritoire, du papier, deux flambeaux sur la table au 5e acte » (inventaire après le décès de Molière).
- **Costume d'Harpagon** : « un manteau, chausses et pourpoint de satin noir garni de dentelle ronde de soie noire, chapeau, perruque, souliers » (inventaire après le décès de Molière).

Dessinez le décor de la pièce et le costume d'Harpagon en vous appuyant, si vous le souhaitez, sur les indications données par Molière.

Cléante, Valère, Mariane, Élise, Frosine, Harpagon, Anselme, Maître Jacques, le Commissaire, son Clerc

Cléante. – Ne vous tourmentez point, mon père, et n'accusez personne. J'ai découvert des nouvelles de votre affaire[1], et je viens ici pour vous dire que, si vous voulez vous résoudre à[2] me laisser épouser Mariane, votre argent vous sera rendu.

Harpagon. – Où est-il ?

Cléante. – Ne vous en mettez point en peine[3] : il est en lieu dont je réponds, et tout ne dépend que de moi. C'est à vous de me dire à quoi vous vous déterminez ; et vous pouvez choisir, ou de me donner Mariane, ou de perdre votre cassette.

Harpagon. – N'en a-t-on rien ôté ?

Cléante. – Rien du tout. Voyez si c'est votre dessein[4] de souscrire à[5] ce mariage, et de joindre votre consentement à celui de sa mère, qui lui laisse la liberté de faire un choix entre nous deux.

Mariane. – Mais vous ne savez pas que ce n'est pas assez que ce consentement, et que le Ciel, avec un frère que vous voyez, vient de me rendre un père dont vous avez à m'obtenir.

Anselme. – Le Ciel, mes enfants, ne me redonne point à vous pour être contraire à vos vœux. Seigneur Harpagon, vous jugez bien que le choix d'une jeune personne tombera sur

1. **Affaire** : argent.
2. **Résoudre à** : décider de.
3. **Ne vous en mettez point en peine** : ne vous faites pas de souci.
4. **Dessein** : projet.
5. **Souscrire à** : accepter.

le fils plutôt que sur le père. Allons, ne vous faites point dire ce qu'il n'est pas nécessaire d'entendre, et consentez ainsi que moi à ce double hyménée[1].

HARPAGON. – Il faut, pour me donner conseil, que je voie ma cassette.

CLÉANTE. – Vous la verrez saine[2] et entière.

HARPAGON. – Je n'ai point d'argent à donner en mariage à mes enfants.

ANSELME. – Hé bien ! j'en ai pour eux ; que cela ne vous inquiète point.

HARPAGON. – Vous obligerez-vous à faire tous les frais de ces deux mariages ?

ANSELME. – Oui, je m'y oblige ; êtes-vous satisfait ?

HARPAGON. – Oui, pourvu que pour les noces vous me fassiez faire un habit.

ANSELME. – D'accord. Allons jouir de l'allégresse que cet heureux jour nous présente.

LE COMMISSAIRE. – Holà ! Messieurs, holà ! tout doucement, s'il vous plaît : qui me payera mes écritures[3] ?

HARPAGON. – Nous n'avons que faire de vos écritures.

LE COMMISSAIRE. – Oui ! mais je ne prétends pas[4], moi, les avoir faites pour rien.

HARPAGON. – Pour votre payement, voilà un homme que je vous donne à pendre.

1. **Hyménée** : mariage.
2. **Saine** : intacte.
3. **Mes écritures** : mon travail.
4. **Je ne prétends pas** : je ne veux pas.

Maître Jacques. – Hélas ! comment faut-il donc faire ? On me donne des coups de bâton pour dire vrai, et on me veut pendre pour mentir.

Anselme. – Seigneur Harpagon, il faut lui pardonner cette imposture.

Harpagon. – Vous payerez donc le Commissaire ?

Anselme. – Soit. Allons vite faire part de notre joie à votre mère.

Harpagon. – Et moi, voir ma chère cassette.

Le dénouement

On appelle « dénouement » la fin d'une pièce de théâtre. On a souvent reproché à Molière (et tout particulièrement pour *L'Avare*) le caractère invraisemblable de ses dénouements : ici, il s'agit d'un véritable coup de théâtre. Le mariage est la fin traditionnelle des comédies.

Pause lecture 15 ACTE V ◆ scène 6

Avez-vous bien lu ?

● Qui va se marier ?

❑ Cléante/Mariane et Valère/Élise.
❑ Cléante/Élise et Valère/Mariane.
❑ Anselme/Élise et Valère/Mariane.

Au fil du texte

1. À quel chantage se livre Cléante au début de la scène ? Quels sont les deux choix possibles pour Harpagon ?
2. Comment réagit Harpagon à l'annonce du mariage de ses deux enfants ? Comment profite-t-il de la situation ? Quelle est sa seule préoccupation ?
3. Pourquoi Harpagon renonce-t-il si facilement à son mariage avec Mariane ? Qui est la véritable maîtresse d'Harpagon ?
4. De quoi se plaint maître Jacques à la fin de la scène ? A-t-il raison de le faire ? N'a-t-il pas contribué à ce qui lui arrive ?
5. Expliquez pourquoi il est le seul personnage pour qui rien n'a changé.

Pour conclure

6. En quoi ce dénouement est-il conforme à celui de toutes les comédies ? Citez les personnages de la pièce qui ont obtenu ce qu'ils voulaient.
7. Sur quel mot se termine la pièce de *L'Avare* ? Quelle leçon Molière a-t-il voulu donner dans cette pièce en faisant rire les spectateurs ?

8 Comparez la liste des personnages sur scène et la liste p. 14. Qu'observez-vous ? Que vont faire les acteurs juste après la dernière réplique ?

Vocabulaire

a. Dans la scène 6, les mots « mariage » (l. 13) et « hyménée » (l. 25) sont employés. Ils sont synonymes mais appartiennent à des niveaux de langue différents. Lesquels ?

b. Pour chaque colonne, trouvez le niveau de langue et complétez les mots manquants. Pour vous aider, vous pouvez relire la scène 6, p. 163-165.

Niveau de langue		**Niveau de langue ....**
– Projet..	➔	....
–	➔	Consentement
–	➔	Vœux
– Ne vous inquiétez pas......................	➔	....

Écriture

Comment intéresser le public d'aujourd'hui à une pièce qui a plus de 300 ans ? Écrivez un court texte qui figurera sur un programme de théâtre et qui expliquera pourquoi la pièce *L'Avare* est restée très actuelle.

Bilan ACTE V

Retour sur…

I L'action

1. L'acte V est divisé en deux grandes parties. Donnez un titre à chacune d'elle.

2. Quel personnage vient dénouer la situation ? Comment se termine la pièce pour les deux couples de jeunes gens ? pour Harpagon ?

3. On dit souvent que le dénouement de *L'Avare* est artificiel et invraisemblable. Expliquez ce jugement.

II Les personnages

4. Quels sont les personnages qui sont présents sur scène pendant tout l'acte ? Pourquoi ? Quels sont ceux qui n'interviennent pas ou peu ?

5. À quelle intrigue amoureuse est consacrée une grande partie de l'acte V ? et dans les autres actes, quelle est celle qui était sans cesse évoquée ?

6. Reportez-vous à la scène 4 de l'acte II et complétez le portrait que La Flèche donne d'Harpagon : « Le seigneur Harpagon est de tous les... l'... le moins... ».

III Amour et argent

7. Pourquoi les deux couples de jeunes gens sont-ils dépendants d'Harpagon ? Montrez que le père a tout pouvoir sur ses enfants.

8. Entre amour et argent, qui l'emporte à la fin de la pièce ? À quoi est due cette victoire ?

9. Harpagon est-il guéri de son obsession au dénouement ? Expliquez.

IV Le comique

10. Dans l'acte V, citez un exemple de comique :
- de mots
- de situation
- de caractère

Harpagon joué par Grandmesnil (1737-1816) à la Comédie Française, gravure, 1790, BnF.

Le dossier du collégien

Testez votre lecture

1 Qui suis-je ?

Trouvez quels personnages se trouvent derrière les portraits suivants.

a. J'essaie d'arranger des mariages pour gagner un peu d'argent. Harpagon ne se laisse pas prendre à mes discours !

b. J'aime bien dépenser mon argent en vêtements ; malheureusement, je suis le fils d'un avare qui me prive de tout.

c. Je suis à la fois cuisinier et cocher, mais je ne reçois que des reproches et des coups de bâton pour mes services !

d. Je suis bien pauvre et je m'occupe avec dévouement de ma mère.

e. J'ai cru avoir perdu toute ma famille dans un naufrage, mais je la retrouve au dénouement de la pièce.

2 Parlons d'argent !

L'argent intervient dans de nombreuses expressions.
Retrouvez le sens de chacune d'elles.

Expressions	Sens
Vouloir le beurre et l'argent du beurre. •	• Il croit tout ce qu'on lui dit.
Il prend tout pour argent comptant. •	• C'est une personne dépensière.
Plaie d'argent n'est pas mortelle. •	• Il est satisfait de ce qu'il a obtenu pour le prix qu'il a payé.
L'argent lui fond dans les mains. •	• Vouloir tous les avantages à la fois.
Il en a eu pour son argent. •	• Une perte d'argent n'est pas un énorme malheur.

3 *Mots croisés*

Complétez ces mots croisés.

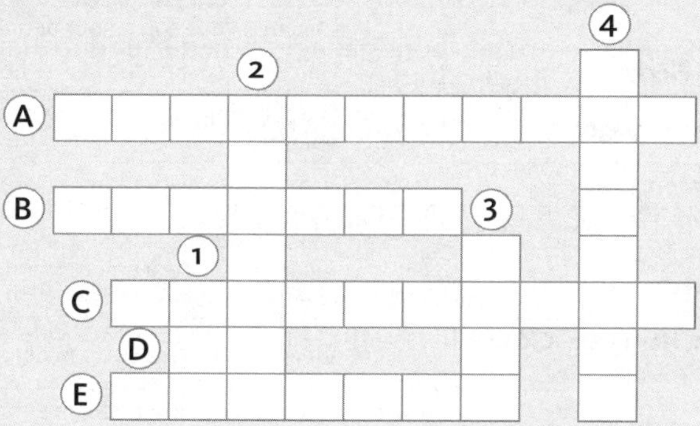

Horizontalement

A. Harpagon fait appel à lui après le vol de sa cassette.
B. Nom de quelqu'un qui prête de l'argent avec des intérêts trop importants.
C. Synonyme d'avare.
D. Pronom de la 3e personne du singulier.
E. Il voudrait épouser Mariane.

Verticalement

1. Harpagon le craint plus que tout au monde.
2. Harpagon s'est mis en tête de l'épouser.
3. Contraire de plein.
4. Chez eux, on peut emprunter de l'argent.

L'œuvre en un coup d'œil

Scènes	Personnages	Actions
		ACTE I
Scène 1	**Valère, Élise**	Élise et Valère se font part de leur amour.
Scène 2	**Cléante, Élise**	Cléante avoue son amour pour Mariane.
Scène 3	**Harpagon, La Flèche**	Harpagon soupçonne La Flèche de vouloir le voler.
Scène 4	**Élise, Cléante, Harpagon**	Harpagon explique ses projets de mariage à ses enfants.
Scène 5	**Valère, Harpagon, Élise**	Valère tente de détourner Harpagon de son projet.
		ACTE II
Scène 1	**Cléante, La Flèche**	Cléante cherche à emprunter de l'argent, mais les conditions sont scandaleuses.
Scène 2	**Maître Simon, Harpagon, Cléante, La Flèche**	Cléante découvre que son père est un usurier.
Scène 3	**Frosine, Harpagon**	Frosine sert d'intermédiaire entre Harpagon et Mariane.
Scène 4	**La Flèche, Frosine**	La Flèche parle à Frosine de l'avarice d'Harpagon.
Scène 5	**Harpagon, Frosine**	Frosine n'arrive pas à soutirer de l'argent à Harpagon.
		ACTE III
Scène 1	**Harpagon, Cléante, Élise, Valère, Dame Claude, Maître Jacques, Brindavoine, La Merluche**	Harpagon donne des ordres pour la réception qu'il prépare à Mariane.
Scène 2	**Maître Jacques, Valère**	Maître Jacques se dispute avec Valère et jure de se venger.
Scène 3	**Frosine, Mariane, Maître Jacques**	Frosine arrive avec Mariane.
Scène 4	**Mariane, Frosine**	Frosine rassure Mariane avant sa rencontre avec Harpagon, celui qu'elle doit épouser.
Scène 5	**Harpagon, Frosine, Mariane**	Mariane est épouvantée par Harpagon.
Scène 6	**Élise, Harpagon, Mariane, Frosine**	Élise salue Mariane.

Scène 7	**Cléante, Harpagon, Élise, Mariane, Frosine, Valère**	Cléante, en faisant semblant de parler pour son père, avoue son amour à Mariane.
Scène 8	**Harpagon, Mariane, Frosine, Cléante, Brindavoine, Élise**	Un visiteur est annoncé.
Scène 9	**Harpagon, Mariane, Cléante, Élise, Frosine, La Merluche, Valère**	Cléante et Mariane vont dans le jardin.
		ACTE IV
Scène 1	**Cléante, Mariane, Élise, Frosine**	Frosine propose son aide aux amoureux.
Scène 2	**Harpagon, Cléante, Mariane, Élise, Frosine**	Harpagon soupçonne Cléante d'aimer Mariane.
Scène 3	**Harpagon, Cléante**	Harpagon tend un piège à son fils pour lui faire avouer son amour.
Scène 4	**Maître Jacques, Harpagon, Cléante**	Maître Jacques arbitre la dispute d'Harpagon et de Cléante.
Scène 5	**Cléante, Harpagon**	Père et fils se disputent.
Scène 6	**La Flèche, Cléante**	La Flèche annonce qu'il a volé la cassette d'Harpagon.
Scène 7	**Harpagon**	Harpagon découvre le vol et crie son désespoir.
		ACTE V
Scène 1	**Harpagon, le Commissaire, son Clerc**	Le commissaire mène l'enquête sur le vol.
Scène 2	**Maître Jacques, Harpagon, le Commissaire, son Clerc**	Pour se venger, maître Jacques accuse Valère.
Scène 3	**Valère, Harpagon, le Commissaire, son Clerc, Maître Jacques**	Valère avoue à Harpagon qu'il aime sa fille.
Scène 4	**Élise, Mariane, Frosine, Harpagon, Valère, Maître Jacques, le Commissaire, son Clerc**	Harpagon veut faire enfermer sa fille et pendre Valère.
Scène 5	**Anselme, Harpagon, Élise, Mariane, Frosine, Valère, Maître Jacques, le Commissaire, son Clerc**	Anselme reconnaît en Valère et Mariane ses deux enfants perdus.
Scène 6	**Cléante, Valère, Mariane, Élise, Frosine, Harpagon, Anselme, Maître Jacques, La Flèche, le Commissaire, son Clerc**	Harpagon accepte les deux mariages et récupère sa cassette.

Une comédie

Les caractéristiques de la comédie

◆ Ce **genre théâtral** se caractérise par :

– des **personnages typiques** qui n'appartiennent pas à la noblesse ;
– un **langage** courant ;
– une fin **heureuse** qui se traduit souvent par des mariages ;
– **une volonté de faire rire** les spectateurs.

Les types de comédies

◆ Molière est célèbre pour avoir écrit des comédies de types très variés comme :

– **les farces** qui déclenchent un rire sans nuance, grâce à des gags et des personnages caricaturaux. Louis XIV avait surnommé Molière le « Roi des farceurs ». Dans *L'Avare*, les coups de bâton, les quiproquos parfois un peu lourds rappellent la farce.
– **la comédie de caractère ou « grande comédie »**. Celle-ci naît avec Molière qui veut donner des lettres de noblesse à ce genre jugé inférieur à la tragédie. Son but : « Corriger les mœurs par le rire », dénoncer et condamner les hypocrisies et les excès humains. La pièce condamne l'avarice d'Harpagon, la tyrannie qu'il exerce sur ses enfants et son égoïsme.

Les types de comique

◆ Dans les comédies, le spectateur ne rit pas toujours pour les mêmes raisons. On distingue :

– le **comique de caractère** d'un personnage, dont on grossit jusqu'à la caricature un défaut, une manie : l'avarice d'Harpagon se voit dans les moindres détails de sa vie. Il ne donne pas le bonjour, raconte La Flèche, il le prête !
– le **comique de gestes** : Harpagon fouille La Flèche et demande à voir ses autres mains. Les coups de bâton font toujours rire...
– le **comique de situation**, qui naît de malentendus. Harpagon, bouleversé par le vol de sa cassette, ne parle que d'elle. Valère, lui, ne pense qu'à Élise. S'engage

alors un long quiproquo, véritable dialogue de sourds entre deux êtres qui ne communiquent qu'en apparence.

– le **comique de mots** : le rire naît quand les personnages bafouillent, répètent un mot, ne comprennent pas. Harpagon a du mal à retenir la devise antique : *Il faut manger pour vivre et non vivre pour manger*, et la transforme en *Il faut vivre pour manger* !

La création de *L'Avare*

- La pièce est jouée pour la première fois le **dimanche 9 septembre 1668**, au théâtre du Palais-Royal, à Paris. C'est **Molière** qui joue **Harpagon**. La pièce a d'abord été **boudée par le public**, qui a très vite préféré voir *Tartuffe*, une autre pièce de Molière qui a été censurée, puis autorisée, puis censurée à nouveau et enfin jouée le 5 février 1669, quelques mois après *L'Avare*. La première représentation de *Tartuffe* a rapporté le double de celle de *L'Avare* ; c'est un signe qui ne trompe pas.
- Caprice du sort, la pièce est aujourd'hui la seconde pièce la plus jouée à la Comédie-Française depuis sa création : plus de deux mille quatre cents représentations, juste derrière... *Tartuffe*, représenté plus de trois mille fois.

Vers d'autres interprétations ?

- **Les mises en scène contemporaines** ont souvent cherché à donner d'Harpagon une autre image que celle d'un avare grotesque. Rien dans le texte de Molière n'interdit de voir en lui un **tyran extrêmement violent**, plus inquiétant, voire effrayant que réellement drôle. Le rire agit souvent comme une défense contre une angoisse. **Nous rions d'Harpagon pour ne pas avoir peur de lui.**
- La comédie est donc bien un genre extrêmement souple. Voici ce qu'écrivait le metteur en scène et acteur Louis Jouvet (1887-1951) au sujet du monologue d'Harpagon (IV, 7) : « Les comédiens peuvent, sans rien changer à l'ordre de cette création, apporter dans cette tirade, les larmes, grimaces, sanglots, hoquets, avec les modulations et les inflexions les plus diverses, faisant ainsi varier à l'infini, **multipliant le personnage d'Harpagon, sans jamais l'atteindre ou l'épuiser**. » (Louis Jouvet, *Témoignages sur le théâtre*, Flammarion, 1952.)

Thème L'argent

Un thème dès l'Antiquité

- Pour écrire *L'Avare*, Molière s'est inspiré d'une comédie écrite en latin par Plaute, au IIe siècle avant J.-C. : *La Marmite*. Dans cette pièce, l'avare Euclion a enfoui une marmite pleine d'or. Un esclave découvre la cachette et emporte le trésor. Euclion accepte de donner sa fille en mariage à celui qu'elle aime si la cassette lui est rendue. Molière ne s'est pas contenté de reprendre les grandes lignes de l'intrigue et quelques scènes célèbres, comme le monologue de l'avare (acte IV, scène 7) ou le quiproquo (acte V, scène 3). Il **a adapté la comédie à son époque** où l'argent était au centre de l'évolution de la société d'Ancien Régime.

L'argent au temps de Molière

- Au XVIIe siècle, une classe sociale prend de plus en plus d'importance : la **bourgeoisie**. Elle affirme sa puissance grâce à l'argent qu'elle gagne en exerçant des activités commerciales ou bancaires. La **noblesse**, elle, ne travaille pas et vit de l'argent qu'elle reçoit de ses terres ou de ses placements. Beaucoup de nobles s'appauvrissent et marient leurs enfants à des filles de bourgeois qui apportent une dot importante. Le personnage d'Anselme, père de Mariane et de Valère, est un bourgeois riche et généreux, à la différence d'Harpagon, tout aussi riche, mais avare.

L'argent et Harpagon

- Pour Harpagon, « l'argent est plus précieux que toutes les choses du monde » (acte I, scène 5). Il ne vit que pour l'accumuler. Il en fait **une obsession** et juge les autres en fonction de leurs dépenses. Ainsi, il approuve Valère qui fait semblant d'être d'accord avec lui pour limiter les frais de la réception organisée pour Mariane, mais il condamne sévèrement son fils qui, selon lui, dépense beaucoup trop d'argent pour son habillement (acte I, scène 4). Harpagon vit dans l'inquiétude permanente d'être volé et multiplie les allers-retours dans son jardin pour vérifier que sa cassette s'y trouve toujours, quitte à attirer des soupçons.

- Plus grave encore : l'avarice conduit Harpagon à exercer une véritable tyrannie sur sa famille, ses domestiques et même ses chevaux qu'il maltraite en les privant de nourriture (acte III, scène 1). Pour garder son argent, Harpagon est prêt à tout. Il exige que sa fille épouse un homme qu'elle n'aime pas pour la seule raison que celui-ci l'accepte sans dot. Il exerce une **violence physique** sur ses serviteurs et une violence verbale sur son fils qu'il menace de déshériter s'il ne renonce pas à Mariane. Tout sentiment paternel a disparu de son cœur. Harpagon est odieux car, à cause de son avarice, il fait le malheur des autres. Il est aussi ridicule parce qu'**il fait son propre malheur**.
- L'argent fait du personnage principal de la pièce un monomaniaque que le vol de sa cassette mène aux frontières de la **folie**. Il parle de son argent comme d'une personne aimée dont il pleure la perte : « puisque tu m'es enlevé, j'ai perdu mon support, ma consolation, ma joie ; tout est fini pour moi [...] » (acte IV, scène 7). Incapable d'éprouver le moindre sentiment, il se coupe de tout rapport social et apparaît bien comme « de tous les humains l'humain le moins humain » (acte II, scène 4). Quand, à l'acte V, Cléante lui déclare : « vous pouvez choisir, ou de me donner Mariane, ou de perdre votre cassette », Harpagon n'hésite pas et choisit sa cassette.
- Harpagon est vraiment **l'esclave de son argent** qui fait de lui un angoissé permanent, un obsédé et un être solitaire qui a perdu toute humanité et tout sens moral. Bien sûr, Molière réussit à nous faire rire de ce personnage, mais ce rire est parfois plein d'amertume...

Groupement de textes ▸ Quelques avares

Texte 1 Plaute, *La Marmite*, IIe siècle av. J.-C.

MÉGADORE. – Salut, Euclion ! puissiez-vous être toujours heureux !

EUCLION. – Les dieux vous protègent, Mégadore !

MÉGADORE. – Eh bien ! la santé est-elle aussi bonne que vous le désirez ?

EUCLION, *à part*. Ce n'est jamais sans cause que le riche aborde le pauvre. Voilà un homme qui sait que j'ai de l'or ; c'est pour cela qu'il est si poli.

MÉGADORE. – Que dites-vous ? cela va bien ?

EUCLION. – Eh ! la bourse ne va guère.

MÉGADORE. – Bon ! si vous savez vous contenter, vous avez assez pour vivre heureux.

EUCLION, *à part*. La vieille coquine lui aura parlé de mon or : c'est clair comme le jour. Mais je lui couperai la langue et lui crèverai les yeux.

MÉGADORE. – Qu'avez-vous donc à parler tout seul ?

EUCLION. – Je gémis de ma pauvreté. J'ai une grande fille, mais sans dot, et qui n'est pas de défaite[1] ; je ne puis lui trouver un parti.

MÉGADORE. – Chut ! et bon courage, Euclion. Elle sera dotée ; je vous aiderai. Que désirez-vous ? vous n'avez qu'à parler.

EUCLION, *à part*. Voilà des promesses qui ressemblent fort à une demande ; il convoite mon or, il veut le dévorer. D'une main il tient une pierre, de l'autre il montre du pain. Je ne me fie point à un richard qui fait tant de caresses à un pauvre homme. Dès qu'en le cajolant il lui a jeté le grappin, la perte n'est pas loin. Je connais ces polypes[2] qui, une fois attachés, ne lâchent plus prise.

MÉGADORE. – Écoutez-moi un moment, Euclion ; je n'ai que deux mots à vous dire, dans votre intérêt comme dans le mien.

Euclion, *à part.* Ah ! malheureux ! on m'a volé mon or. Il veut entrer en accommodement. Je cours faire un tour à la maison.

Mégadore. – Où allez-vous ?

Euclion. – Je reviens ; j'ai quelque chose à voir là-dedans. *(Il sort.)*

Mégadore. – Quand je lui demanderai la main de sa fille, il croira que je me moque de lui, cela n'est pas douteux. C'est bien de tous les pauvres le plus ladre qu'on puisse prouver.

Euclion, *à part.* Grâce aux dieux, tout est sauvé… tout, s'il n'y a rien de pris. J'en suis quitte pour la peur ! Avant de rentrer, j'étais plus mort que vif. *(Haut)* Me voici revenu, Mégadore, et tout à vous.

Acte II, scène 2, trad. Éd. Sommer, 1876.

1. **Qui n'est pas de défaite** : qui n'est donc point mariable.
2. **Polypes** : grosseurs anormales se fixant sur un organe.

Texte 2 Jean de La Fontaine, *Fables*, 1668

La Poule aux œufs d'or

L'avarice perd tout en voulant tout gagner.
Je ne veux, pour le témoigner,
Que celui dont la poule, à ce que dit la Fable,
Pondait tous les jours un œuf d'or.
Il crut que dans son corps elle avait un trésor.
Il la tua, l'ouvrit, et la trouva semblable
À celles dont les œufs ne lui rapportaient rien,
S'étant lui-même ôté le plus beau de son bien.
Belle leçon pour les gens chiches :
Pendant ces derniers temps, combien en a-t-on vus
Qui du soir au matin sont pauvres devenus
Pour vouloir trop tôt être riches ?

Livre V, XIII.

Texte 3 Honoré de Balzac, *Eugénie Grandet*, 1834

[…] Enfin arrivèrent les jours d'agonie, pendant lesquels la forte charpente du bonhomme fut aux prises avec la destruction. Il voulut rester assis au coin de son feu, devant la porte de son cabinet. Il attirait à lui et roulait toutes les couvertures que l'on mettait sur lui, et disait à Nanon : « Serre, serre ça, pour qu'on ne me vole pas. » Quand il pouvait ouvrir les yeux, où toute sa vie s'était réfugiée, il les tournait aussitôt vers la porte du cabinet où gisaient ses trésors en disant à sa fille : « Y sont-ils ? y sont-ils ? » d'un son de voix qui dénotait une sorte de peur panique.

– Oui, mon père.

– Veille à l'or, mets de l'or devant moi.

Eugénie lui étendait des louis sur une table, et il demeurait des heures entières les yeux attachés sur les louis, comme un enfant qui, au moment où il commence à voir, contemple stupidement le même objet ; comme à un enfant, il lui échappait un sourire pénible.

– Ça me réchauffe ! disait-il quelquefois en laissant paraître sur sa figure une expression de béatitude.

Texte 4 Georges Feydeau, *L'Homme économe*, 1886

Non, mais c'est si simple ! Vous voulez être riche ? Soyez économe ! Je l'ai été toute ma vie, moi ! Aussi, aujourd'hui, j'ai une grosse fortune, je suis très heureux : je me refuse tout. Et quand je mourrai, eh bien ! j'aurai beaucoup d'argent… Enfin, voyons ! ça n'est pas l'idéal, ça ?

Par exemple, il n'y a pas de petites économies. Ainsi, lorsque j'ai une course à faire…, je vais toujours à pied, moi ! Et quand je suis pressé, le premier omnibus qui passe, je ne le prends pas !... Seulement je cours après. J'arrive aussi vite et ça ne me coûte pas un radis ! Voilà la fortune !

Tenez ! Quand je me suis marié, ça s'est fait au moyen d'un journal que mon concierge m'avait prêté, je lis qu'une femme riche cherche un époux ; je dis : « Voilà mon affaire ! » Je vais voir la femme : elle était borgne. J'ai été enchanté ! Je me suis dit : « Si elle n'a qu'un œil, c'est qu'elle doit être économe ! » Eh bien ! Pas du tout ! Elle m'a déjà donné dix enfants ! C'est comme cela qu'elle comprend l'économie !

D'ailleurs ils sont tous borgnes comme elle ! Aussi, moi qui suis économe, comme ils n'y voient que d'un œil… je leur ai fait mettre un bandeau dessus, comme ça, je suis certain qu'ils ne l'abîmeront pas ! Ils n'y voient plus ; mais, au moins, ils ne seront jamais aveugles. Non, voyez-vous, pour être vraiment père, il faut avoir des enfants !

Enfin, ce qu'il y a de clair, c'est que je ne suis pas un gaspilleur, moi ! Tenez ! L'an dernier, on m'envoie une terrine de foie gras… elle a duré deux mois ! Tous les soirs, à table, on se mettait autour, et l'on respirait le parfum ! C'était exquis. Au bout de quinze jours, elle commençait à moisir… nous l'avons grattée avec un couteau. Enfin au bout de deux mois, il n'y avait plus moyen ! Elle était si mauvaise que nous l'avons mangée ! Que voulez-vous ? Nous ne savions plus qu'en faire !

Eh bien ! oui ! C'est plus fort que moi ! Je ne comprends pas qu'on gâche ! Ainsi, j'ai un parent ! Il me met au désespoir, il dépense pour dépenser. Tenez ! Il avait un chien qu'il adorait ! Qu'est-il arrivé ? Il l'a tant bourré qu'il est mort, le chien !... et lui aussi, d'ailleurs ; ils sont morts tous les deux ! Eh bien ! moi, mon chien… il se portait à merveille… il est mort au bout de huit jours… et il n'a pas eu une seule indigestion.

Lecture d'images

Observez l'image → Voir le verso de couverture en début d'ouvrage.

L'Avare, de Molière, mise en scène de Catherine Hiegel avec Denis Podalydès (Harpagon), Comédie-Française, 2009.

1 Observez l'arrière-plan de la photographie. Que distinguez-vous ? Par quoi la fenêtre est-elle protégée ? Dans quel but ?

2 Le personnage est-il à l'intérieur ou à l'extérieur de la maison ? Où Harpagon a-t-il caché sa fortune ?

3 Que tient l'acteur qui incarne Harpagon ? Décrivez la position de chaque main. Que révèle cette attitude ?

4 Pourquoi le costume, les mains et le visage de l'acteur sont-ils couverts de boue ?

5 Quels sentiments reflète le visage de l'avare ? À quel moment de la pièce cette photographie a-t-elle été prise ? En quoi l'expression du visage est-elle inquiétante ?

Observez l'image → Voir le verso de couverture en fin d'ouvrage.

Affiche du film *L'Avare* réalisé par Jean Girault (1924-1982), avec Louis de Funès dans le rôle d'Harpagon, 1980.

1 À quoi sert une affiche de film ?

2 Quel est le rôle des pièces d'or dans cette affiche ?

3 Que pourrait symboliser le soleil au second plan ?

4 Sur quelles couleurs l'affiche est-elle construite ?

5 Décrivez et commentez le costume porté par l'acteur qui incarne Harpagon.

6 Quels traits du caractère d'Harpagon le visage et le geste de Louis de Funès traduisent-ils ?

7 L'affiche donne-t-elle une vision comique ou inquiétante du personnage d'Harpagon ?

Outils de lecture

	Définitions
Antithèse	Opposition très forte entre deux termes.
Antiphrase	On exprime une idée par son contraire dans une intention ironique.
Champ lexical	Ensemble de mots qui développent un thème commun.
Comique de mots	On fait rire en exploitant les ressources du langage (répétitions, jeux de mots...).
Comique de caractère	On fait rire en s'appuyant sur la psychologie des personnages (avarice, bêtise...).
Comique de gestes	On fait rire grâce aux jeux de scène et à la gestuelle (coups de bâton, gifles...).
Comique de situation	On fait rire en tirant parti des situations (quiproquos, malentendus, rencontres imprévues...).
Énumération	Accumulation de termes.
Hyperbole	Exagération.
Métaphore	Image sans outil de comparaison.
Mots de la même famille	Mots qui ont un radical commun.
Niveau de langue	On distingue plusieurs niveaux de langage ou manières de s'exprimer : le style familier, courant ou élevé.
Proverbe	Maxime, dicton.
Répétition	Reprise d'un mot identique.

Registre	Effets produits par un texte sur le spectateur ou le lecteur.
Registre comique	Ensemble des effets d'un texte qui visent à faire rire le spectateur.
Registre ironique	Ensemble des effets d'un texte qui visent à dire le contraire de ce que l'on pense, afin de se moquer ou de critiquer.
Sens figuré	Sens imagé, abstrait d'un mot.
Sens propre	Sens premier, concret d'un mot.
Type de phrases	On distingue quatre types de phrases, les phrases déclaratives, exclamatives, interrogatives, injonctives.

Lexique — Les mots du théâtre

■ **Accessoire (un) :** Objet utilisé sur scène par un acteur.
Ex. Les lunettes que porte Harpagon pour rencontrer Mariane. (III, 5)

■ **Acte (un) :** Ensemble de plusieurs scènes.
Ex. L'acte I de *L'Avare* comporte 5 scènes.

■ **Acteur (un) :** Personne qui joue sur scène et incarne un personnage.

■ **Aparté (un) :** Réplique prononcée par un personnage s'adressant à lui-même ou aux spectateurs. Les autres personnages ne sont pas censés l'entendre.
Ex. MARIANE, *bas à Frosine.* – Oh ! l'homme déplaisant ! (III, 6)

■ **Comédie (une) :** Genre dramatique dont le but est de faire rire le public par les caractères, les situations, le langage, le jeu des acteurs.
Ex. *L'Avare, Les Fourberies de Scapin...*

■ ***Commedia dell'arte*** **(la) :** Genre théâtral comique venu d'Italie, basé sur l'improvisation.
Ex. La Flèche est un personnage issu de la *commedia dell'arte.*

■ **Coulisses (les) :** Espaces situés de part et d'autre de la scène, qui ne sont pas visibles depuis la salle.

■ **Coup de théâtre (un) :** Rebondissement, qui modifie complètement la situation des personnages.
Ex. Anselme est le père de Valère et de Mariane. (V, 5)

■ **Décor (un) :** Ensemble des éléments qui entourent les comédiens sur scène.
Ex. Voir image p. 76.

■ **Dénouement (un) :** Fin de la pièce qui fixe le sort des personnages.
Ex. La scène 6 de l'acte V est le dénouement de la pièce.

■ **Didascalie (une) :** Indication scénique donnée par l'auteur, qui n'est pas dite sur scène.
Ex. HARPAGON. – *Il crie au voleur dès le jardin, et vient sans chapeau.* (IV, 7)

■ **Distribution (la) :** Liste des personnages et de leur rôle.
Ex. Voir p. 14

■ **Double énonciation (la) :** Les personnages tout en se parlant entre eux, s'adressent aussi au public.

■ **Exposition (l') :** Scène ou groupe de scènes qui, au début de la pièce, donne les informations nécessaires à la compréhension de l'intrigue.

■ **Farce (une) :** Petite pièce populaire où le comique repose souvent sur des coups.
Ex. Les scènes avec des coups de bâton relèvent du genre de la farce.

■ **Nœud (le) :** Ensemble des problèmes que les personnages doivent résoudre.
Ex. Harpagon veut épouser Mariane, aimée par son fils.

■ **Péripétie (une) :** Événement qui modifie la situation.
Ex. Le vol de la cassette d'Harpagon. (IV, 7)

■ **Quiproquo (un) :** Malentendu entre deux personnages qui ne parlent pas de la même chose mais qui croient se comprendre.
Ex. V, 3, Harpagon parle de sa cassette, Valère d'Élise.

■ **Réplique (une) :** Mots ou ensemble de phrases prononcés à la suite par un même personnage.

■ **Rôle (un) :** Ensemble des répliques et des actions d'un comédien incarnant un personnage.

Ex. Le rôle d'Harpagon était joué par Molière.

■ **Stichomythie (la) :** Échange rapide de répliques très courtes.

Ex. IV, 5, Harpagon, Cléante.

■ **Tirade (une) :** Longue réplique d'un personnage.

Ex. III, 1, tirade de maître Jacques.

■ **Type (un) :** Personnage caricatural.

À lire À voir

À lire

Quelques personnages d'avares, avant Molière…

◆ **Plaute, *La Marmite*,** IIe siècle av. J.-C.
La pièce qui a inspiré Molière. Euclion a caché son trésor dans une marmite. Parviendra-t-il à le préserver de la convoitise de son voisin ?

◆ **William Shakespeare, *Le Marchand de Venise*,** 1596
Shylock conclut un pacte étrange avec Antonio : s'il ne le rembourse pas à temps, il devra donner au vieil usurier une livre de sa propre chair…

… et après Molière

◆ **Honoré de Balzac, *Eugénie Grandet*,** 1833
Le père Grandet, plus avare qu'Harpagon ? En tout cas, aussi cruel pour sa fille Eugénie qui aime son beau cousin. Quelle sera sa terrible vengeance quand il apprendra qu'elle a remis à son cousin tout l'argent qu'il lui avait confié ?

◆ **Charles Dickens, *Un chant de Noël*,** 1843
« Dur et tranchant comme une pierre à fusil », tel est Scrooge, un avare des plus cruels. Un soir de Noël, il reçoit la visite du fantôme de son associé et de trois esprits qui l'entraîneront dans un étrange voyage. Comment éveiller une étincelle d'humanité chez le vieil usurier ?

◆ **Guy de Maupassant, « En Mer », « Un Normand », « Pierrot » et « Aux Champs »** dans les ***Contes de la bécasse*,** 1883
L'avarice en Normandie : elle conduit un homme à sacrifier un bras, un autre à déterrer un saint oublié, Mme Lefèvre à martyriser un chien et Mme Vallin à vendre son enfant.

◆ **Arnold Bennett, *L'Escalier de Riceyman*,** 1923
À Londres, dans les années 1920, Henry Earlforward est un libraire avare. Il tombe un jour amoureux de sa voisine. Comment choisir entre ses deux passions, l'argent et Mrs. Arb ? Comment se faire aimer lorsqu'on est prêt à tout pour économiser la moindre pièce ?

À voir

Des comédies…

◆ **Jean Girault, *L'Avare*,** France, 1980
Quand Louis de Funès incarne Harpagon, le rire est au rendez-vous.

◆ **Fred Cavayé, *Radin !*,** France, 2016
Dany Boon incarne dans ce film un homme avare qui va découvrir l'amour et… devoir changer de comportement.

Des drames…

◆ **Erich von Stroheim, *Les Rapaces*,** États-Unis, 1924
La soif de l'or les perd tous : à cause de l'argent qu'elle a gagné à la loterie, Trina est assassinée par son amant et celui-ci meurt de soif avec son magot dans la Vallée de la Mort.

Sur la vie de Molière

◆ **Ariane Mnouchkine, *Molière*,** France, 1978
Véritable fresque réalisée par le « Théâtre du Soleil », une des plus grandes troupes actuelles.
www.toutmoliere.net : pour trouver des informations sur la vie du grand dramaturge, sur ses œuvres et une véritable encyclopédie du théâtre du XVIIe siècle.

Crédits des illustrations

Couverture : *L'Avare* de Molière, mise en scène de C. Hiegel ; décor : GOURY, lumière : D. Borrini, costumes : C. Gasc ; avec D. Podalydès (Harpagon), salle Richelieu, Comédie-Française, Paris, 17 septembre 2009, © Brigitte Enguerrand / Divergence.

5 : *Suite d'estampes des principaux sujets de comédies de Molière*, illustration de Charles Antoine Coypel, 1726, BNF, Paris, Bis/©Ph. Coll. Archives Larbor.
6 : *Portrait de Molière*, peinture à l'huile de Nicolas Mignard, 1656, Collection de la Comédie-Française, Paris, Bis/©Ph. Luc Jouybert © Archives Larbor.
10 (haut) : *L'Avare*, Molière, dessin de Jean-Michel Moreau le Jeune (1741-1814), BNF, Paris, Bis/©Ph. Coll., © Archives Larbor.
10 (milieu, droite) : *L'Avare*, Molière, dessin à la plume et au lavis de François Boucher (1703-1770), BNF, Paris, Bis/©Ph. Coll., © Archives Larbor.
10 (milieu, gauche) : *Dame de qualité jouant de la guitare en compagnie d'un abbé de cour*, estampe de Nicolas Berey, XVIIe siècle, château de Versailles et Trianon, Versailles, © Ph. RMN/©D.R.
10 (bas) : *La noblesse de Lorraine*, Jacques Callot, gravure d'une édition de 1600-1635, BNF, Paris, Bis/©Ph. Coll. Archives Nathan.
11 (haut) : *Portrait à transformation*, XVIIe siècle, Musée national de la Renaissance, Ecouen, © Ph. RMN/René-Gabriel Ojéda.
11 (haut, droite) : *Portrait de jeune homme*, Jacques Blanchard (1600-1638), don de John S. Newberry, The Detroit Institute of Art, Detroit, Bis/© Archives Larbor.
11 (milieu) : *L'Avare*, Frosine, gravure du XIXe siècle, BNF, Paris, © Harlingue/Roger-Viollet.
11 (bas, droite) : *Cuisinier*, gravure de Marin Engelbrech (1684-1756), Bibliothèque des Arts décoratifs, Paris, © Collection Roger-Viollet.
11 (bas) : *L'Avare*, Molière, dessin à la plume et au lavis de François Boucher (1703-1770), BNF, Paris, Bis/©Ph. Coll. © Archives Larbor.
13 : Marinus van Reymerswaele, *Les Usuriers*, huile sur toile, vers 1540, musée Stibbert, Florence, © BIS/ Collection archives Nathan.
23 : ©Photos de Grégoire Matzneff.
41 : ©Photos de Grégoire Matzneff.
51 : ©Photos de Grégoire Matzneff.
76 : © Victor Tonelli/ArtComArt.
80 : © Victor Tonelli/ArtComArt.
99 : ©Rue des Archives/AGIP/Bridgeman.
113 : ©Photos de Grégoire Matzneff.
131 : ©Photos de Grégoire Matzneff.
136 : BIS/Ph. Jeanbor © Archives Larbor.
151 : ©Photos de Grégoire Matzneff.
169 : BIS/Ph. Jeanbor © Archives Larbor.

II et 184 : © Laurencine Lot/Divergence.
Verso III et 185 : © Collection Christophe L.

Corrections des mots croisés, p. 173 :
***Horizontalement :* A.** *Commissaire ;* **B.** *Usurier ;* **C.** *Avaricieux ;* **D.** *On ;* **E.** *Cléante*
***Verticalement :* 1.** *Vol ;* **2.** *Mariane ;* **3.** *Vide ;* **4.** *Prêteurs*

Conception graphique : Julie Lannes
Design de couverture : Élise Launay
Recherche iconographique : Édith Garraud
Mise en page : STDI
Édition : Clémentine Coudray, avec l'aide d'Élise Frénois.

N° édition : 10292969 - Dépôt légal : janvier 2020
Imprimé en France, en mai 2023, par la Nouvelle Imprimerie Laballery - N° 304504
La Nouvelle Imprimerie Laballery est titulaire de la marque Imprim'Vert®